すぐに▼役立つ

入門図解 不動産登記の法律と申請手続きマニュアル

司法書士 **安部 高樹** 監修

三修社

本書に関するお問い合わせについて
　本書の内容に関するお問い合わせは、お手数ですが、小社あてに郵便・ファックス・メールでお願いします。お電話でのお問い合わせはお受けしておりません。内容によっては、ご質問をお受けしてから回答をご送付するまでに1週間から2週間程度を要する場合があります。
　なお、個別の案件についてのご相談や監修者紹介の可否については回答をさせていただくことができません。あらかじめご了承ください。

11 登記・供託オンライン申請について知っておこう　127
12 登記識別情報の紛失や管理の問題について知っておこう　131

第4章　新築・購入・ローンに関する登記

1 住宅を新築した場合の登記手続き　134
　書式1　所有権保存登記申請書（一戸建ての場合）　138
　書式2　所有権保存登記申請書（マンションの場合）　139
2 不動産売買の登記申請　140
　書式3　不動産売買の場合の登記申請書（第三者との売買）　145
　書式4　登記原因証明情報　146
　書式5　不動産売買の場合の登記申請書（親子間売買）　147
3 融資を受けるために担保を設定するときの登記手続き　148
　書式6　抵当権を設定する場合の登記申請書　153
　書式7　根抵当権を設定する場合の登記申請書　154
4 根抵当権の変更・処分・元本確定と手続き　155
　書式8　根抵当権の変更登記申請書　159
5 抵当権の抹消登記手続き　160
　書式9　抵当権を抹消する場合の登記申請書　165
　書式10　弁済証書　166
　書式11　抵当権抹消登記申請書（共有者の1人による申請）　167
　書式12　根抵当権を抹消する場合の登記申請書　168

7	マンションの登記の表題部から何がわかるのか	60
8	甲区の読み方について知っておこう	63
9	乙区の読み方について知っておこう	67
10	所有権の登記にはどんなものがあるのか	71
11	用益権の登記にはどんなものがあるのか	76
12	抵当権・根抵当権の登記にはどんなものがあるのか	80
13	仮登記について知っておこう	87

第3章　登記申請手続き

1	登記申請の基本的なルールを知っておこう	92
2	単独でできる申請もある	94
3	登録免許税について知っておこう	96
4	登記申請はどのように行うのか	98
5	申請書を作成する	102
6	添付書類・添付情報にはどんなものがあるのか	108
7	添付情報の有効期間と原本還付について知っておこう	114
8	事前通知制度について知っておこう	116
	書式　本人確認情報	118
9	登記申請が却下されることもある	120
10	補正と登記完了後の手続きについて知っておこう	123

Contents

はじめに

第1章 不動産登記のしくみ

1 登記はどんな制度なのか 10
2 登記される不動産について知っておこう 14
3 登記の効力について知っておこう 18
4 登記できる権利にはどんなものがあるのか 20
5 登記が必要になるのはどんな時なのか 22
6 登記の種類について知っておこう 24
7 表示に関する登記について知っておこう 27
8 有効な登記となる条件と登記の優劣関係を知っておこう 29

第2章 登記記録のしくみ

1 登記記録とはどのようなものなのか 32
2 登記記録を調べるにはどうしたらよいのか 35
　書式 登記事項証明書交付申請書 40
　書式 登記事項証明書 41
　書式 地図等の閲覧又は写しの交付申請書 42
3 登記記録の見方を知っておこう 43
4 各種の図面について知っておこう 47
5 土地について表題部から何がわかるのか 54
6 建物の場合には表題部から何がわかるのか 56

はじめに

　「不動産の登記」という言葉くらいは聞いたことがある人も多いと思います。不動産の取引をした場合、登記をすることになるのですが、たいていは専門家まかせで、その手続きや役割を詳しく知る機会はありません。それくらい、日常生活にはなじみのない登記という制度ですが、法律的にはとても重要な制度です。登記制度は不動産についての権利関係を社会的に公示して、自分の権利を守るためのものです。不動産は一般的に価値が高く、自分にとっては大切な財産です。大切な財産を守るための手続きを、自分自身でやってみるのも意義のあることです。専門家に依頼するとそれなりの費用がかかりますが、自分で登記できれば登録免許税や書類取得のための費用ですみます。たとえば、新築建物の所有権保存登記、相続関係があまり複雑でない場合の相続による所有権移転登記、住宅ローンを完済した場合の抵当権抹消登記、住所変更した場合に行う登記名義人の表示（住所）変更登記などは、比較的簡単にできますから、法務局の相談窓口なども利用して、調べながら手続きを進めていけば、誰にでもできるはずです。

　仮に専門家に頼む場合にも、登記について基本的な知識が自分にあれば、打ち合わせの際にスムーズに話を進めることができます。

　本書では、新築や売買の登記申請から抵当権の抹消、相続、贈与、財産分与による所有権移転、氏名、名称変更、住所移転などの更正登記、その他、建物滅失、土地合筆まで、さまざまなケースの登記申請書のサンプルを掲載しています。実務上使われている書式を豊富に掲載していますので、おもな登記申請手続きを自分ひとりで進めることも可能です。本書を通じて、不動産登記のしくみを理解していただき、役立てていただければ幸いです。

監修者　司法書士　安部　高樹

第5章　相続にかかわる登記

1 不動産を相続した場合の登記手続き　　　　　　　　　170
　書式1　相続放棄申述書（20歳以上）　　　　　　　　179
2 相続登記の申請と書類の提出　　　　　　　　　　　181
3 登記申請書類の記載方法　　　　　　　　　　　　　187
　書式2　相続した場合の登記申請書（遺産分割に従った相続）191
　書式3　遺産分割協議書　　　　　　　　　　　　　　192
　書式4　相続関係説明図　　　　　　　　　　　　　　193
　書式5　特別受益証明書　　　　　　　　　　　　　　193
　書式6　相続した場合の登記申請書（法定相続分による相続）194
　書式7　相続した場合の登記申請書（遺言による相続）195
　書式8　「遺贈させる」と記載されていた場合の申請書（遺言執行者なし）196
　書式9　委任状　　　　　　　　　　　　　　　　　　197
Column　相続手続きの簡素化が検討されている　　　198

第6章　登記申請が必要なその他のケース

1 不動産を贈与した場合の登記手続き　　　　　　　　200
　書式1　贈与の登記申請書（第三者への贈与）　　　　204
　書式2　贈与の登記申請書（親子間贈与）　　　　　　205
　書式3　登記原因証明情報（親子間贈与による所有権移転）206
　書式4　死因贈与が行われた場合の登記申請書　　　　207
2 財産分与による所有権移転登記　　　　　　　　　　208

書式5	財産分与による所有権移転登記申請書（協議離婚）	211
書式6	登記原因証明情報（協議離婚による所有権移転）	212
書式7	財産分与による所有権移転登記申請書（調停離婚）	213

3 定期借地権の登記申請手続き　214
書式8　一般定期借地権を設定する場合の登記申請書　215

4 氏名・名称の変更・更正登記の登記申請書と添付書類　216
書式9　共有登記名義人変更登記申請書　220

5 住所の移転・更正についての登記申請書の作成方法　221
書式10　登記名義人住所変更登記申請書　223
書式11　住所が誤っていた場合の登記申請書　224
書式12　登記名義人住所・氏名変更登記申請書　225

6 土地の利用方法が変わったときの登記申請手続き　226
書式13　地目変更の場合の登記申請書　228

7 所有権の持分を訂正したいときの登記申請手続き　229
書式14　持分を訂正する場合の登記申請書　232

8 建物が滅失したときの登記申請手続き　233
書式15　建物が滅失した場合に申請する登記申請書　234

9 土地の境界にかかわる登記申請手続き　235
書式16　土地分筆の場合の登記申請書　238
書式17　土地合筆の場合の登記申請書　239

第1章
不動産登記のしくみ

登記はどんな制度なのか

不動産の権利関係を明確にするためのもの

● 登記とは何か

　不動産登記とは、不動産に関する権利関係について、法務局という国の機関に備えている登記簿に記録することをいいます。子どもが生まれると出生届を出すのと同様に、新しい建物を建てた場合に登記をします。結婚すると婚姻届、転居すると転居届を出して、戸籍簿などに記録を残していくように、不動産の所有者が変われば所有権移転登記を行います。

　たとえば、他人の所有している土地や建物を買う場合、または抵当権を設定する場合に、本当にその土地や建物が取引相手のものなのか、他の誰かの権利・義務がかかわっていないのかを確認することが必要になります。そのようなとき、相手に確認するだけではなく、信頼できる国家機関を通じて確認できれば、安心して取引ができます。そこで、不動産をめぐる権利関係を国家機関が備えている公簿（登記簿）に記録して、誰もがその内容を知ることができる制度が設けられています。この制度が**登記制度**です。

　登記できる権利としては所有権の他、抵当権や地上権、賃借権などが挙げられます。所有権とは、物を全面的に支配できる権利です。抵

■ 登記の役割

| 不動産登記 | → | 円滑な取引が可能になる |
| 不動産をめぐる権利関係を客観的に明らかにする制度 | → | 第三者に権利の存在を主張できる |

当権は、貸付金や売買代金などの債権を確実に回収できるようにするための権利で、担保権と呼ばれます。地上権と賃借権は、たとえば、建物を所有するために他人の土地を使用できるという権利です。

● 登記所はコンピュータ化されている

　登記簿は登記所に備えられています。「登記所」というのは抽象的な言い方で、実際は法務省の中の組織である法務局（地方法務局）またはその支局や出張所に登記簿があります。混乱を避けるために、本書では必要がある場合以外は、「登記所」ではなく「法務局」という言葉を使います。「法務局」は「登記所」と同じ意味であり、地方法務局や支局、出張所もこれに含まれると考えてください。これらの法務局は、基本的には行政区画を基準として法務大臣が指定して設置します。法務局は、札幌・仙台・東京・名古屋・大阪・広島・高松・福岡といった大都市に設置されています。規模の大きな地方法務局は、

■ 法務局の組織

```
              法務省民事局
                  │
        ┌─────────┴─────────┐
      法務局              地方法務局
    全国8か所              全国42か所
  （東京、大阪、           （県庁所在地
    名古屋など）              など）
    │                        │
  ┌─┴─┐                    ┌─┴─┐
 支局 出張所               支局 出張所
```

業務取扱い時間
（東京法務局の場合）
● 平日
　午前8時30分から
　午後5時15分
● 土・日・祝日は休み

これら以外の県庁所在地と北海道の函館・釧路・旭川に設置されています。支局や出張所は、これらの法務局と地方法務局の管内に置かれています（前ページ図参照）。現代社会ではデジタル化が進み、あらゆる分野でコンピュータによるシステムが確立しています。法務局も例外ではありません。法務局はすべてコンピュータ化されています。

● 目的によって要約書か証明書かを選ぶ

　登記の内容を確認する場合には、法務局に行って、登記事項証明書または登記事項要約書の交付を受けます。法務局に置いてある専用の申請用紙に、どの不動産について調べたいのかを示して、自分の住所、名前を記入し、規定の手数料の収入印紙を貼付します。

　表示に関する登記、権利に関する登記について、一筆の土地、1個の建物ごとに作成される磁気ディスク上の記録のことを登記記録といいます。登記記録には不動産に関する状況や権利関係が過去から現在に至るまで記録されています。登記記録は磁気ディスクに記録されているため、登記記録を直接閲覧することができません。代わりに登記事項要約書を交付してもらうことができます。登記事項要約書とは、登記記録に記録されている事項の概要を記載した書面のことです。交付手数料は原則として500円です。

　ただ、この要約書には登記官による証明印がありませんので、一般的な証明書としては使用できません。しかし、登記内容を確認するだけでしたら、これで十分です。

　証明書として必要であれば、「登記事項証明書」（41ページ）を交付してもらいましょう。これは、登記記録に記録されている事項の全部または一部を証明した書面のことです。交付手数料は原則として700円です。いずれの場合も、手数料は申請書に収入印紙を貼付することで納めます。収入印紙は郵便局などで買うことができます。

● 専門家に依頼すれば簡単

　登記事項証明書や登記事項要約書を取得する手続きは、専門家でなくても、簡単にできるものです。これに対して登記の申請は、添付する書類も多く手続きが複雑になることもあります。会社に出勤し、時間的に拘束されている会社員や家事に追われている主婦、多忙な自営業者など、登記手続きのために時間を割くことが難しい人も多いでしょう。そのために司法書士という登記の専門家がいます。一定の報酬を支払えば、所有権などの権利の登記について申請手続きの一切を代理しています。

　また、権利の登記をする前提として土地・建物の物理的な状況を調査、測量し、表題登記（表題部に最初になされる登記）など表示に関する登記の手続きを代理する土地家屋調査士という専門家もいます。

　不動産取引をする際には、その物件を取り扱う不動産業者や購入資金の融資をする金融機関が紹介する司法書士・土地家屋調査士に登記手続きを委任することが多いようです。

　登記申請の手続きを司法書士や土地家屋調査士などの専門家に頼む場合には、当然、依頼した仕事に対して報酬を支払わなければなりません。報酬の金額については、土地家屋調査士の場合も司法書士の場合も、事前に見積りを請求するとよいでしょう。その他、不明な点については、日本司法書士会連合会（03-3359-4171）や日本土地家屋調査士会連合会（03-3292-0050）に問い合わせてみましょう。

■ 登記の専門家とは

司法書士	土地・家屋の権利に関する不動産登記や会社・法人に関する商業登記の手続きを代理する登記の専門家
土地家屋調査士	土地や建物がどこにあって、どのような形をしているのか、また、どのような用途に使用されているかなどを調査、測量し、図面を作成したり、表示に関する登記の申請手続きを代理する測量と法律の専門家

登記される不動産について知っておこう

1個の土地・建物ごとに登記がなされる

● 不動産とは何か

不動産登記において「不動産」とは、①土地、②建物の2つを指します。土地とは何か、建物とは何かを詳しく見ていきましょう。

① 土地

土地とは、いわゆる地面です。人が居住したり、耕すことができる土地はもちろん、荒れた森や山、沼や池なども、個人所有が認められる類のものであれば登記の対象になります。海は基本的には登記の対象にはなりませんが、人工島のように海上を埋め立てたり、地殻変動で水没していた場所が隆起してきた、など個人所有が認められる状態になった場合は、登記が可能になります。

ただ、土地は昔からあるものが多く、新たに土地が生成されるということはあまり多くありません。ほとんどの土地は、すでに登記簿に記録されていると思われます。

登記の際の土地の単位は「筆」です。一筆ごとに登記記録が作られ、測量結果や所有者が記録されています。通常は、一筆ごとに取引の対象となりますが、中には一筆の土地を分割して取引を行う場合もあります。相続で、所有者が複数になった場合や、業者が所有していた広い土地を分譲住宅として販売する場合などがこれにあたります。この場合は、「分筆」といって土地の登記をそれぞれの土地ごとに分け、新しい登記記録を作ることになります。

② 建物

建物は、1個の建物ごとに登記記録が作られますが、登記の前に、その建築物が登記の対象となる「建物」であるかどうかを判断する必

要があります。

● 建物かどうかの判断はどうするのか

　民法では、不動産イコール「土地およびその定着物」とされています。土地に定着しているという意味では、庭の物置も超高層ビルもすべて定着物だといえます。しかし、不動産登記の制度はもともと、不動産取引が円滑に進められることを目的としたものですから、庭の物置のようにそれだけを不動産として取引しない建築物については、登記の対象から外さなければなりません。

　登記の申請がなされた建築物が、登記の対象となるかどうかの判断は、登記官が社会一般に通用する認識（社会常識）を基準として行いますが、近年の建築物は千差万別で、社会常識だけを基準としたのでは、登記官ごとに判断が分かれる場合があるかもしれません。そこで、法務局では、①定着性、②永続性、③外気分断性、④用途性、⑤取引性という5つの基準を示し、登記官の判断が統一して行われるようにしています。

① 　定着性

　「建物」は土地と接していることが求められます。最近は建築技術が進歩していますから、中には空中に吊り下げられる形の建築物もあるかもしれませんが、土地との接点がない建築物は特定することが困難です。また、土地の上にあっても、ただ置かれただけのものは移動されると登記内容が変わってしまい、権利の保護ができなくなってしまいます。したがって、土地にしっかりと固定され、簡単に移動することができない建築物でなければ、定着性があるとはいえません。たとえば、トレーラーハウスや簡易な組立式の物置などは登記の対象になりませんし、移動式の屋台なども建物とは認められません。

② 　永続性

　定着性がある程度認められる建築物であっても、その状態が長く続

かなければ登記対象の「建物」として扱われません。

　開催期間の決まっているイベントのパビリオンや、マンションのモデルルームなどは人が中に入って利用するわけですから、基礎工事もしっかりなされているはずですが、期間が過ぎれば取り壊される性質のものです。そのような建築物の登記をしたとしても、すぐに登記を抹消しなければならないことになり、事務も煩雑になりますし、取引の場面でも混乱を招くおそれがあります。このため、永続性のない建築物については登記を認めていないのです。

③　外気分断性

　外部と遮断して固有の空間を作り出すことができる機能があるかどうかも、「建物」であるか否かの判断の基準となります。以前は外気との遮断ということで、壁や屋根によって空間が区切られているかどうかが基準となっていましたが、最近はそれだけでは判断できない建築物も多くあります。このため、それぞれの用途に沿ってその目的のために使用することができるかどうかが重視されるようになりました。

　たとえば人が居住するための建築物には雨風や騒音を防ぐための屋根や壁が必要ですが、スタンドのある陸上競技場や野球場は必ずしも屋根や壁を必要としません。これらの建築物は、屋根や壁がない構造であっても、固有の空間として使用できます。言葉としては「外気」との遮断ですが、実質は「外部」との遮断機能があるかどうかが問題になるわけです。

④　用途性

　登記の際には、その建物の使用目的（用途）を記録することになっています。建物の素性を明らかにするために必要な情報だからです。このため、記録した目的を達することができる機能を備えていることが要件になります。たとえば立体駐車場として使用するのであれば車を駐車できる強度や機能が必要ですし、住居として使用するのであれば人が快適に生活できる構造が求められるということです。

⑤ 取引性

その建物が不動産として取引するに値するものであるかどうかも判断基準のひとつになります。不動産登記は、不動産の取引を円滑に行うために設けられた制度ですから、取引の対象にならない物を登記しても意味がないのです。

● 建物の種類にはどんなものがあるのか

建物には、一般の建物と区分建物があり、それぞれ別の登記簿が作られています。建物の中には、1個の主要な建物に付属して建てられた物（母屋に対する離れなど）もあります。これを付属建物といいます。

通常、建物の登記は1個の建物ごとに一登記記録が作られますが、付属建物については同じ土地上に、同じ所有者が、同じ目的のために建てている場合が多いので、主要な建物とまとめて1個の建物として扱い、同じ登記記録に登記されます。ただ、付属建物について別に登記をしたいという場合、それが可能なこともあります。

区分建物とは、1個の建物の中を、複数の人が1室や1フロアというように区画ごとに分けて所有することを認められた建物です。分譲マンションや商業ビルなどがこれにあたります。区画ごとの所有者は、それぞれが別の建物を所有しているのと同様に、登記をすることができます。

■ 不動産とは

第1章 不動産登記のしくみ

3 登記の効力について知っておこう

権利を保護するために3つの効力がある

● 登記にはどんな効力があるのか

登記には、①対抗力、②権利推定力、③形式的確定力の3つの効力が認められています。私たちが登記をすると、この3つの効力によって権利を保護してもらえるわけです。具体的にどのような形で権利が保護されているのかを知っておくことは、今後の取引やトラブル発生時の対処のためにも大変重要なことです。以下、それぞれの効力について説明していきます。

● 対抗力

登記をすると、第三者に対しても権利を主張することができます。これを、登記の対抗力といいます。逆に、当事者間で契約が成立していても、登記を怠ると第三者には権利を主張できません。
　たとえば、Aが、所有する家をBとCの2人に二重に譲渡した場合、Cが先に所有権移転登記すると、たとえBがすでに代金を支払い、その家に引っ越していたとしてもその家の所有権をCに主張することができません（ただし、BはAに対して損害賠償を請求することが可能です）。Cから見ると、登記することで所有権を確保できたということになります。

● 権利推定力

登記がある以上、そのとおりの権利関係があるものと推定されます。登記の内容と異なる事実を主張する人は、その人自身がそのことを立証（証明）しなければなりません。このことを登記の権利推定力とい

います。

　ただ、権利推定力はあくまでも事実を推定することができる、というだけで、登記された内容について記録どおりの権利関係が存在することを保証するものではありません。

　わが国の不動産登記制度では、登記申請の際に登記官が審査をすることになっていますが、形式的審査だけで、申請の内容と事実が一致しているかどうかを実際に確認することはしません。つまり、法務局は申請の内容と事実が一致していることを保証することはないのです。

　たとえば、実際には地上権をもっていないDが地上権設定登記をしていたとします。Eがその記録を信じてDから地上権を譲り受けたとしても、地上権を手に入れることはできない、ということです。

● 形式的確定力

　登記が存在する以上、その登記が有効であるか無効であるかにかかわらず、登記官や当事者または利害関係人は、登記手続上、これを無視することはできません。この効力を、形式的確定力といいます。例として、登記簿上、既存の地上権の存続期間が経過していることが明らかな場合であっても、その地上権が抹消されるまでは新たな地上権の設定の登記をすることができない、ということが挙げられます。

■ 対抗力、権利推定力、形式的確定力

対抗力	第三者に対しても、権利の取得などを主張できる
権利推定力	登記がある以上、そのとおりの権利関係があるものと推定される
形式的確定力	登記がある以上、たとえ実際はそれが無効であっても無視できない

登記できる権利にはどんなものがあるのか

所有権の他、用益権や担保権も登記できる

● 登記できる権利にもいろいろある

　民法では、不動産に関係する権利としては、所有権、用益権（地上権・永小作権・地役権・賃借権）、担保権（抵当権・根抵当権・質権・先取特権・留置権）、占有権、買戻権（買戻特約）などが挙げられます。このうち、占有権と留置権は登記できない権利とされています。ここでは、登記できる権利について見ていきます。

① 　所有権

　所有権とは、その物をどのように扱うかを全面的に支配できる権利です。不動産を売買する場合や、相続などの場合には、所有権が移転します。この場合、登記簿に所有権移転登記をすることによって、第三者にも所有権が移転したことを主張することができるようになります。

　所有権に関する登記にはこの他、所有する不動産について初めて登記する際に行う所有権保存登記や、登記の時に誤った申請をした場合などに行う所有権更正登記、売買契約の際に一度手放した所有権をある条件によって買い戻すことができるという特約をつけた場合の買戻権の登記などがあります。

② 　用益権

　他人の不動産を使用・収益することができる権利で、この権利を登記すると、その事実を知らずに所有者になった第三者に対しても権利を主張することができます。

　地上権とは、他人の土地の上に自分の建物を建てたり、林業を行ったりする権利です。賃借権も他人の土地を利用するという点では同様ですが、権利を自由には譲渡、転貸（また貸し）できないという点で、

地上権と異なります。この他、自宅から道路に出るなどのために他人の土地を利用することができる地役権や、他人の土地を使って農業などを行うことができる永小作権などがあります。

③ 担保権

　不動産を担保に借金をしている場合、その不動産が担保になっていることを明示するために行うのが担保権の登記です。不動産を担保とするには、抵当権・根抵当権（債務者や担保提供者が不動産を占有したままお金を借り、返済できなくなった場合に債権者が差し押さえ、競売することができる）、質権（債権者がお金を貸すときに不動産などの財産を質として占有する）などを設定する方法があります。登記簿には、これらの設定登記を行います。借金を返済し、担保が必要なくなると、抹消登記を行います。なお、先取特権（法律で定められた特殊な債権をもつ者が他の人よりも先に債務を支払ってもらえる権利）についてはその性質上保存登記をします。

■ 登記できる権利の内容

所有権	物を全面的、包括的に支配できる権利
地上権	建物などの工作物や竹林を所有するために他人の土地を使用する権利
賃借権	賃貸借契約に基づいて他人の土地を使用する権利
地役権	自分の土地を有効に利用するために、他人の土地を使用する権利
永小作権	他人の土地を耕作や牧畜のために使用する権利
抵当権 （根抵当権）	債権の回収を確実にするために、債務者あるいは第三者の不動産に設定される担保権
質権	債権者が債権を担保するために債務者の所有物を預かる担保権
先取特権	法律で定められた一定の債権を担保するために認められた担保権

登記が必要になるのはどんな時なのか

権利が変動したら早めに登記する

● 権利に変動があったとき必要になる

　不動産登記の目的は、不動産に対する権利を確保することです。したがって、登記を申請するのは、不動産に対する権利に変動があったときということになります。

・保存の登記と設定の登記

　不動産登記法によると、不動産を表示する場合や不動産についての権利の保存等（保存、設定、移転、変更、処分の制限または消滅）をする場合に登記を行うとされています。ここでいう不動産についての権利とは、所有権・地上権・永小作権・地役権・先取特権・質権・抵当権・賃借権・採石権を指します。土地の登記の場合はすべての権利が対象になりますが、建物の登記の場合はその性質上、所有権・先取特権・質権・抵当権・賃借権だけが対象になります。

　不動産に対し、新たに権利をつけ加えることを設定といいます。地上権・抵当権などが対象になりますが、所有権と先取特権は、性質上すでに存在している権利として登記しますので、設定ではなく保存といいます。

・移転の登記と変更の登記

　移転とは、現在登記簿に記録されている登記名義人から、新しい権利者へ名義を移すことをいいます。地役権はそれだけを独立のものとして譲渡することはできないので、移転登記の対象になりませんが、地役権以外の権利は対象になります。

　変更とは、実際の権利の内容が、現在登記簿に記録されている内容から変わった場合に、これを修正するために行う登記です。地上権の

存続期間が変わったときや抵当権によって担保されている債権の利息に変更があったときなどに行われます。

・処分の制限の登記

処分の制限とは、登記名義人が税金を滞納したり、抵当権を設定して受けた融資を返済できなくなった場合などに、権利を自由に処分できないようにするもので、裁判所が嘱託（官庁などが直接法務局に登記を依頼すること）して行う差押・仮差押・仮処分・破産などの登記をいいます。

・消滅の登記

消滅とは、登記する原因がなくなった時に、それに合わせて登記を消すことをいいます。契約が終了して、地上権や賃借権がなくなった場合や、登記自体が誤りだった場合などに行われます。

登記は、当事者による申請が原則ですから、登記記録の内容と実体が一致しなくなったことを当事者が申請しないと、現実と一致しない登記記録がそのまま残ることになります。登記記録を信頼して取引した第三者に対して、真実の権利関係を主張できなくなる場合もありますから、登記原因が発生したらできるだけ早く登記申請するようにしましょう。

■ 不動産登記が必要な場合

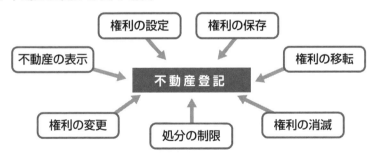

6 登記の種類について知っておこう

いくつかの観点から分類できる

● 役割による分類がある

　登記の対象となる不動産とは、土地と建物です。一筆の土地、1個の建物ごとに登記記録が備えられています。登記記録は、表題部と権利部に分けて作成され、権利部はさらに甲区と乙区に分けられます。

　表題部は「表示に関する登記」が記録される部分であり、ここには不動産を特定する情報（不動産の所在地や面積など物理的な情報）が記録されています。権利部は「権利に関する登記」が記録される部分であり、このうち甲区には所有権に関する情報、乙区には所有権以外の権利に関する情報が記録されています。

● 形式による分類

　権利部の甲区、乙区には、順位番号欄があります。ここに別個独立の番号をつけ、新たに登記内容を記録することを主登記といいます。登記は原則として主登記によって行われます。

　これに対して、既存の番号に枝番をつけ、主登記の内容に関連する記録をすることを付記登記といいます。付記登記は、すでに登記されている事柄に変更などがあった場合などに行われ、主登記と一体のものとして扱われます。

● 効力による分類

　登記は、その内容によってもいくつかの種類があります。

　まず、第三者に対して権利の変動があったことを主張できる効力（対抗力）があるかどうかで判断すると、終局登記と予備登記に分類

されます(下図参照)。

● 内容による分類

登記簿にどのような目的で記録がなされたかによって「記入登記」「変更登記」「更正登記」「抹消登記」「回復登記」に分類されます。

① 記入登記

記入登記は、新たに登記原因が発生した時に行う登記です。不動産が売買され、新しい所有者を登記する場合(所有権移転登記)や、新たに地上権を設定することになった場合などに行われます。

② 変更登記

登記した後で不動産の名義人や権利内容が変わったときに、不一致を是正するために登記記録の一部を変える登記です。登記名義人の氏や住所が変更されたり、抵当権によって担保されている債権の利息の利率を変更するなど、権利の内容に変更があった場合に行われます。

③ 更正登記

登記した最初の段階で、勘違いや記入もれなどの誤りがあり、後にそのことが発覚したときに、実状との不一致を是正するために行う登記です。抵当権設定登記の際、登記原因や日付が誤って登記された、といった時に行われます。

■ 効力による分類

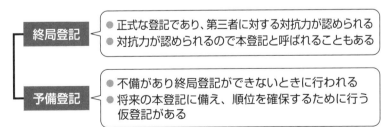

④ 抹消登記

登記しておくべき原因がなくなったときに、登記を抹消することをいいます。契約の終了に伴って地上権や賃借権を抹消したり、債務を弁済（返済）することによって設定していた抵当権を抹消するなど、後から抹消する理由が発生した場合の他、登記原因が無効で、最初から登記がなかったものとして扱う場合に行います。

⑤ 回復登記

不当に失われた登記を元の状態に戻すことをいいます。登記簿そのものが水害や火災などで一部（または全部）失われた場合に行われる「滅失回復登記」と、本来は抹消される理由がないにもかかわらず不適当に抹消された登記を回復するために行われる「抹消回復登記」があります。

● 手続き開始の形態による分類

登記手続きをするのが誰であるかによって、「申請（嘱託）による登記」と「職権による登記」に分類されます。

① 申請（嘱託）による登記

登記は、原則として登記に関係する当事者か官庁（役所）などの嘱託によって申請しなければならない、とされています。当事者が登記する場合、本人か本人から委任を受けた代理人（司法書士など）が行います。嘱託は、国や地方公共団体が不動産取引を行うような場合に行われます。

② 職権による登記

申請による登記が原則ですが、例外として登記官が申請や嘱託なしに職権で登記を行うことができる場合があります。埋め立てなどで新たに土地が生じた場合の表示に関する登記や、登記官が誤った登記をした場合にそれを是正する更正登記などがこれにあたります。職権による登記が行われると、登記権利者と登記義務者宛に、法務局から通知が送られてきます。

表示に関する登記について知っておこう

不動産の物理的・外形的な状況が表題部に記録される

● 2つの機能が存在する

　不動産登記は土地や建物の権利関係についての情報を提供してくれるだけではなく、その不動産がどのような物理的・外形的な状況にあるかについての情報も提供してくれます。不動産の物理的・外形的な状況については、登記記録のうち「表題部」と呼ばれる部分に記録されます。これを「表示に関する登記」といいます。

　表示に関する登記には、大きく分けて次の2つの機能があります。

① **報告的登記**

　同じ不動産でも土地についてはあまり変化が生じませんが、建物は長い年月のうちに老朽化するので増築・改築がよく行われます。この場合は建物の外形に変更が生じているので、それまでの登記記録を改めなければならなくなります。登記制度は不動産の現在ある状況を忠実に反映すべき制度だからです。このように、登記記録を現在の事実に一致させるための表示に関する登記を「報告的登記」といいます。

② **形成的登記**

　土地は埋め立ての場合など以外は自然に作られたものですが、それを一筆ずつに区切って個数を設定したのは人間です。建物も同じです。そして、不動産の個数を変更するときには、登記をしなければ法律的な効果は発生しません。

　具体的には、一筆の土地を複数に分ける分筆や数筆の土地を一筆に合わせる合筆、または、建物の分割や合体の場合には、その登記がなされてはじめて法律的に別個の不動産として扱われることになるわけです。このような表示に関する登記を「形成的登記」といいます。

◉ 土地の表示に関する登記

　表示に関する登記にもいろいろとありますが、具体例としては次のようなものが挙げられます。
　まず、土地の場合ですが、埋め立てや国有地の払い下げによってはじめて登記をする場合に、表題登記を行う必要があります。表題登記とは、表示に関する登記のうち、その不動産について表題部に最初になされる登記のことです。また、土地の表示に関する登記には、所在や地番の他、地目（土地の用途）、地積（土地の面積）が記録されますが、地目または地積に変更があった場合には、その旨の変更登記をしなければなりません。
　一筆の土地が分割された場合には分筆登記、数筆の土地がまとまって1個の土地になった場合には合筆登記を行います。

◉ 建物の表示に関する登記

　建物の場合、新築から1か月以内に表題登記をしなければならないと不動産登記法という法律が規定しています。建物は所有者しだいで、増改築によってその状況が変更されます。その場合は表示の変更登記を申請します。また、A建物に附属している建物を分割して登記簿上別個独立のB建物としたい場合は「分割登記」をします。逆に、別個のC建物とD建物を登記簿上1つの建物としたい場合は「合併登記」をします。1棟のA建物を構造上独立した複数の建物（B建物とC建物）に分けた場合は「分棟登記」、逆に、複数の独立したD建物とE建物が構造上1つのF建物になった場合は「合体登記」がなされます。
　老朽化や災害によって建物としての使用に耐えられなくなったときには、「滅失登記」をすることが義務付けられています。

有効な登記となる条件と登記の優劣関係を知っておこう

順位を保全するために仮登記が利用される

● 有効な登記といえるための条件とは

仮に登記がなされていても、それだけで有効な登記として認められるとは限りません。有効な登記といえるためには、①実体的要件と②手続的要件の双方の要件を満たす必要があります。

① 実体的要件

実体的要件とは、登記簿に記録された内容がその不動産をめぐる実際の法律関係と一致していなければならない、という要件です。具体的には3つあります。

第1に、登記される不動産は実際に存在しなければなりません。たとえば、すでに建物が取り壊されてなくなっているにもかかわらず登記が残ったままになっていて、その建物に抵当権が設定されたとしても、その抵当権は無効です。第2に、登記されている登記名義人が実際に存在しなければなりません。たとえば、ある土地の所有権者がAになっていても、実際にAは存在せず、真実はBの所有であれば無効な登記です。第3に、実際の法律関係が登記に反映されていなければなりません。たとえば実際には抵当権が設定されていないのに、登記

■ 登記が有効であるための要件

実体的要件	登記の内容が実際の法律関係と一致していること
手続的要件	登記に必要な手続きを経ていること

第1章 不動産登記のしくみ

記録上は抵当権が設定されていてもその登記は無効です。
② 手続的要件
　手続的要件とは、登記は必要な手続きを経ていなければならないとする要件です。たとえば、本来、登記法上登記できないにもかかわらず登記官が誤って登記した場合や、その不動産を管轄する法務局と違う法務局に登記された場合は、手続的要件を満たさないのでその登記は無効となります。

● 登記の優劣を決める基準は何か

　登記事項証明書を見てみると、甲区と乙区といった区分けがしてあり、所有権の他に抵当権などが記録されていたり、甲区、乙区それぞれにいくつもの登記がなされていて、かなり複雑になっている場合があります。その場合に、不動産をめぐる権利関係がどのような優劣関係になっているのかは、登記の順位によって決まります。
　まず、甲区の中では「順位番号」の若い方が先の順位となります。同様に乙区の中でも順位番号の若い方が先の順位となります。そして、甲区と乙区の間では、受付の日付が早い方または、同じ日付の場合は「受付番号」の若い方が先の順位となります。受付番号とは、法務局で登記申請を受け付けた順につけられる番号です。

● 仮登記について

　仮登記とは、本登記をするための実体的要件もしくは手続的要件が備わらない場合に、とりあえず順位を保全しておくために行う登記です（87ページ）。たとえば、売買の予約をした場合に、所有権移転請求権の仮登記をします。仮登記が本登記にされると、仮登記された順位で対抗力が生じます。たとえば仮登記Aの後に本登記Bがなされても、仮登記Aが本登記Aになると、本登記BはAの後の順位になります。

第2章
登記記録のしくみ

登記記録とはどのようなものなのか

現在までの権利関係を記録したもの

● 戸籍簿のような役割をもつ

　人が生まれると、その子に名前がつけられて市区町村役場に出生届が出されます。出生届が出されると役場では、生まれた子を親の戸籍簿に記載します。また、人が結婚したときも同じように役場に婚姻届を出します。婚姻届が出されると、それまで親と一緒の戸籍に記載されていた子が、結婚相手とともに新しく独立した戸籍を作ることになります。やがて、その２人の間に子供が生まれると、その戸籍にその子がさらに記載されます。そして、人が死ぬと役場に死亡届が出されて、今度はその人が戸籍簿から抹消されます。このように、戸籍簿をみるとその人の人生の経過を知ることができます。

　土地や建物の場合に、この戸籍簿の役割を果たしているのが登記記録です。登記記録は、登記簿に記録され、登記簿は、原則として磁気ディスクによって調製されます。

　たとえば、土地は埋め立てでもしない限りは新しく生まれるということはありませんが、建物は新築されることによって新しく生まれ、申請することで（または登記官の職権で）その建物の登記記録が新しく作られます。

　また、ある人から別の人へと所有者が変わってもその経過が登記記録に記録されているため、登記記録を調べる、つまり登記事項証明書を見ることによって過去から現在に至るまでの所有者を知ることができます。さらに、後述しますが、抵当権などといったその不動産に関する所有権以外のさまざまな権利も登記記録に記録することができます。そして、人が死んだときのように建物の寿命が来て朽ち果ててし

まったときは、建物の滅失の登記を申請することになります。

このように、登記記録には不動産に関する状況や権利関係が過去から現在に至るまで記録されていて、それを見ることによってその不動産の人生の経過などを知ることができるわけです。

● 登記簿と登記記録の関係

登記簿とは、登記記録を記録した磁気ディスクのことです。ここでは、登記簿と登記記録の関係について、もう少し詳しく説明しましょう。登記簿は、磁気ディスクという「物体」そのものを意味します。これに対して、登記記録とは、登記簿の「中身」あるいは「内容」を指す言葉です。つまり、登記簿という物体に記録されている中身のことを登記記録と呼ぶわけです。

● 登記記録の成り立ち

登記記録が人間でいう戸籍簿の役割を果たしていると述べましたが、戸籍簿もただ単に人の名前などを羅列しているわけではありません。戸籍簿を見た人が親子関係などを理解しやすいように、一定のルールに従って整理された記載がなされています。

戸籍簿と同じように、登記記録でも不動産に関する状況や権利関係を一定のルールに従って整理して記録しています。登記記録では戸籍簿の場合よりも多くの複雑な事柄が記録されなければなりません。そのため、記録のためのルールもある程度複雑にならざるを得ません。しかし、それを理解することによって、登記記録の内容を十分に把握することができるようになります。このルールの細かい点については後で説明しますが、大まかに述べると以下のようになります。

① 登記記録の構成

登記記録は、「表題部」と「権利部」の2つから構成されています。しかし、権利部はさらに「甲区」「乙区」の2つに分けられますので、

表題部と甲区、乙区の3つから構成されているということもできるでしょう。

表題部は、その不動産に関する物理的・外形的な状況が記録されるところです。それに対して、権利部の甲区は不動産の所有権に関する記録がなされるところです。さらに、乙区は抵当権や賃借権など不動産に関する所有権以外の権利関係の記録がなされるところです。ただ、建物が新築されたばかりのときなどは、表題部しかないこともあります。

② 登記の順番

登記のルールを大雑把に言うと「早い者勝ち」です。所有権であれば先に登記をした人が権利を取得します。抵当権であれば、先に登記をした人が後から後順位で登記をした人に優先します。つまり、権利部の登記では、各登記がどういう順番でされたかが重要な意味を持ちます。

順番の見分け方は簡単にいえば次のとおりです。

甲区、乙区それぞれの区の中では、順位番号の若い方が先に登記されたということになります。甲区の登記と乙区の登記の前後を知りたい場合は、まず受付年月日を見ます。受付の日が早い方が先に登記されたというわけです。受付年月日が同じ場合には、受付番号を見ます。受付番号が若い方が先に登記されたということになります。

■ 登記記録の構成 ……………………………………………

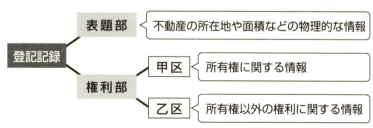

② 登記記録を調べるにはどうしたらよいのか

法務局で登記事項要約書・登記事項証明書の交付を申請する

● 登記事項要約書の交付を受ける手順

　登記の内容を調べる場合、現在はすべての法務局がコンピュータ化され紙の登記簿から磁気ディスクの登記簿に変更されているため、登記記録は磁気ディスクに記録されており、直接閲覧することはできません（ただし、まれに特殊な事情で紙の登記簿に記載されたままの場合もあります）。そのため、閲覧に代えて登記記録に記録されている事項の摘要を記載した登記事項要約書を取得することになります。

　ところで、どこの法務局へ行っても自分が調べたい不動産の登記事項要約書を交付してもらえるわけではありません。各法務局には管轄があり、原則として、自分が調べたい不動産を管轄する法務局で登記事項要約書の交付を受けることになります。

■ 登記事項要約書サンプル

		登記事項要約書　　土地			
1	表題部	新宿区○○町1丁目			
		1番12　宅地　　　　100:00		1番1から分筆	昭和○○年○月○日
	所有権	新宿区○○町1丁目1番8号　　鈴木太郎			昭和○○年○月○日 第11111号
	乙区	1	根抵当権設定		極度額　金○○○万円 債権の範囲　信用金庫取引 債務者 　新宿区○○町1丁目1番8号 　　　鈴　木　太　郎 根抵当権者 　渋谷区○○町3丁目4番5号 　　○　○　信　用　金　庫 共同担保　目録（あ）第8888号

＊　下線のあるものは抹消事項であることを示す。　　　　整理番号　D55556　　1/1

不動産を管轄する法務局がわからないとき、自分が所有していたり、自分が抵当権者になっている不動産であれば、登記識別情報や登記済証（権利証）を見てみましょう。これらのものには、通常、法務局名が記載されているか、登記済の印に法務局名が記されています。その法務局が管轄の法務局です。

　次に、調査対象の不動産を管轄する法務局へ行き、登記事項要約書の交付を受ける場合の具体的な手順を見ていきましょう。

　法務局の書類交付窓口の付近に、登記事項要約書交付申請書が置いてあります。「不動産用」と「会社法人用」の2種類がありますが、不動産用の方を使用します。用紙の住所、氏名の欄に申請人の住所、氏名を記入します。また、不動産の種類などについてはチェック欄があるので、落とさないようにチェックしましょう。一通り用紙の記入が終わったら、念のため記入漏れがないか確認する必要があります。

● 登記事項証明書をとる手順

　登記の内容を調べるもう1つの方法として、かつては、登記簿の謄本（登記事項の全部を複写した書面）または抄本（登記事項の一部を複写した書面）の交付を受けることができました。しかし、法務局のコンピュータ化に伴い、登記簿謄本・抄本に代えて、登記記録に記録されている事項の全部または一部を証する書面として「登記事項証明書」の交付を受けることになりました。

　登記事項証明書の交付を受けたい場合には、登記事項証明書交付申請書（40ページ）に必要事項を記入して提出します。申請書には、まず、登記事項証明書の交付を申請する人の住所・氏名を記入します。

　土地の場合は、その所在地（郡市区、町村、丁目・大字および字）と地番を、建物の場合は、その所在（郡市区、町村、丁目・大字・字、敷地番号）と家屋番号を記入します。チェック欄の登記事項証明書欄または一部事項証明書欄にチェックをします。登記事項証明書は同時

に複数通とることができるので、申請書に請求する通数も記載します。

登記事項要約書の交付請求の場合と同じく、収入印紙は最初から申請書に貼って提出してもかまいませんし、登記事項証明書が出てきてから申請書に貼ってもよいでしょう。

登記事項証明書は、1通50枚までが600円で、50枚超えるごとに100円が加算されます。

● 管轄法務局が遠隔地にある場合の登記事項証明書の取得方法

調べたい不動産の管轄法務局が遠い場所にある場合、登記情報交換サービスを利用することで、自宅や勤務先などの近くの法務局で遠隔地にある不動産の登記事項証明書を取得することができます。

多忙なため法務局に行っている時間がない、最も近い法務局が自宅などから遠い場所にある、という場合には、郵送で登記事項証明書を取得するとよいでしょう。

手続きは、登記事項証明書交付申請書に必要事項を記入し、収入印紙を貼付して、切手を貼った返信用の封筒を同封して、管轄法務局に郵送します。収入印紙は郵便局などで買うことができます。

ただ、申請書には、地番や家屋番号を記入しなければならないので、これらが不明だと申請できません。また、多くの場合、1週間程度の時間がかかりますので、急いでいるときは利用できません。

なお、登記事項要約書は、登記情報交換システムを利用して遠隔地の法務局で取得したり、郵送で交付請求することはできません。登記事項要約書の交付は、閲覧制度に代わるものであり、もともと登記簿の閲覧は管轄法務局でしかできないものだからです。

● インターネット登記情報提供サービスとは

この他、インターネットを通じた登記情報の提供サービスも行っています。これは「登記事項証明書」（41ページ）と内容的には同じ

ですが、証明書とはならないものです。サービスの提供を希望する場合は、一般財団法人民事法務協会登記情報提供サービス（http://www1.touki.or.jp/）にアクセスしてみてください。

● **登記申請書を閲覧するには**

不動産取引をするにあたり、その不動産をめぐる過去の法律関係を詳細に調べたい場合がよくあります。そのような場合、法務局で登記申請書とその添付書類を閲覧することができます。

たとえばAさんが所有する甲土地について、Aさんの知らないうちにB名義の所有権移転登記がなされていたとします。Aさんは、Bにこの所有権移転登記の抹消をするよう求めましたが、Bは応じません。AさんはBを相手方として所有権移転登記の抹消登記を請求する訴訟を起こすことにしました。このような場合、AさんからB名義への所有権移転登記が誰によってどのようになされたかを知るために登記申請書などを実際に見てみることが重要です。また、その際の登記申請書や登記原因証明情報、委任状などの添付書類が重要な証拠となることがあります。このような場合、Aさんは、登記申請手続のときに法務局に提出された登記申請書や添付書類を閲覧することができます。

不動産の権利に関する登記の手続きの際の申請書と添付書類は、受付日から起算して10年間、法務局に保存されます。ですから、その10年間はそれらの書類を閲覧して、過去の法律関係の詳細を調査することができるのです。さらに申請書や添付書類は閲覧の他、写真撮影を認めてもらえる法務局もあります。

ただ、申請書や添付書類は誰でも閲覧できるわけではなく、利害関係のある人だけに閲覧が認められます。利害関係があることを示すために、証拠となる書類（たとえば訴状の写し）などの提出が求められます。

たとえば前述のAさんのケースでは、利害関係があることを示すために、Bに出した所有権移転登記の抹消を求める旨の内容証明郵便

（誰が、いつ、誰に対して、どのような内容の文書を送付したかを郵便局が証明する特殊な郵便）、訴状（訴えを提起するために裁判所に提出する書面）などのコピーの提出を求められることもあります。

　もし、不動産をめぐる法律関係が複雑なため、調査または解釈が困難な場合は、司法書士などの専門家を代理人として閲覧の申請をすることもできます。その場合は、代理人に対して委任状を交付することになります。

● 公図などの図面も閲覧できる

　法務局には登記簿以外に土地や建物の大きさや構造を示した各種の図面が置かれています。土地の方位や縮尺を記載した「公図」の他、土地の面積を記載した「地積測量図」、建物の位置関係を記載した「建物図面」などの図面です（48～51ページ）。登記記録からだけではわからない土地の正確な面積や形状、建物の寸法や内部などを知ることができます。これらの図面も閲覧することができます。

■ 登記簿の閲覧・交付にかかる手数料（オンライン申請などを除く）

（平成27年9月現在）

登記事項証明書の交付	・1通につき600円 ・オンライン請求については、送付を受ける場合は500円、窓口で交付を受ける場合は480円 （50枚を超えるものについては、枚数50枚までごとに100円を加算）
登記事項要約書の交付	・1登記記録につき450円 （50枚を超えるものについては、枚数50枚までごとに50円を加算）
地図などの図面の閲覧	・1筆の土地または1個の建物につき450円 ・オンライン請求については、送付を受ける場合は450円、窓口で交付を受ける場合は430円
登記識別情報に関する証明	・書面請求の場合、300円 ・オンライン請求の場合は300円

書式　登記事項証明書交付申請書

不動産用

登記事項証明書
登記簿謄本・抄本　交付申請書

※太枠の中に記載してください。

窓口に来られた人 （申請人）	住所　東京都新宿区××三丁目4番5号 フリガナ　コウノ　イチロウ 氏名　甲野　一郎

※地番・家屋番号は、住居表示番号（○番○号）とはちがいますので、注意してください。

種別 (✓印をつける)	郡・市・区	町・村	丁目・大字字	地番	家屋番号 又は所有者	請求通数
1 ☑土地	新宿区	××	六丁目	7番8		1
2 □建物						
3 □土地						
4 □建物						
5 □土地						
6 □建物						
7 □土地						
8 □建物						
9 □財団（□目録付） □船舶 □その他						

※共同担保目録が必要なときは、以下にも記載してください。
次の共同担保目録を「種別」欄の番号＿＿＿＿番の物件に付ける。
□現に効力を有するもの　□全部（抹消を含む）　□（　　）第＿＿＿号

※該当事項の□に✓印をつけ、所要事項を記載してください。

☑ 登記事項証明書・謄本（土地・建物）
　　専有部分の登記事項証明書・抄本（マンション名＿＿＿＿＿＿＿＿＿＿）
　　□ただし、現に効力を有する部分のみ（抹消された抵当権などを省略）
□ 一部事項証明書・抄本（次の項目も記載してください。）
　　共有者＿＿＿＿＿＿＿＿＿＿＿＿＿＿に関する部分
□ 所有者事項証明書（所有者・共有者の住所・氏名・持分のみ）
　　□所有者　　□共有者
□ コンピュータ化に伴う閉鎖登記簿
□ 合筆, 滅失などによる閉鎖登記簿・記録　昭和／平成　　年　　月　　日閉鎖

収入印紙欄
収入印紙
収入印紙
収入印紙は割印しないでここに貼ってください。
（登記印紙も使用可能）

交付通数	交付枚数	手数料	受付・交付年月日

（乙号・1）

書式　登記事項証明書

表　題　部(土地の表示)		調整	余白	不動産番号	0000000000000
地図番号	余白		筆界特定	余白	
所　　在	新宿区○○町一丁目			余白	

①地　番	②地　目	③地　　積　　m²		原因及びその日付〔登記の日付〕
1番12	宅　地	100	00	○○ 〔平成○○年○月○日〕

所　有　者	○○区○○町○丁目○番○号　○○○○

権　利　部(甲　区)(所有権に関する事項)			
順位番号	登　記　の　目　的	受付年月日・受付番号	権利者その他の事項
1	所有権保存	平成○○年○月○日 第○○○号	所有者　○○区○○町○丁目○番○ ○○○○
2	所有権移転	平成○○年○月○日 第○○○号	原因　平成○○年○月○日売買 所有者　○○区○○町○丁目○番○ ○○○○

権　利　部(乙　区)(所有権以外の権利に関する事項)			
順位番号	登　記　の　目　的	受付年月日・受付番号	権利者その他の事項
1	抵当権設定	平成○○年○月○日 第○○○号	原因　平成○○年○月○日 金銭消費貸借同日設定 債権額　金○○○万円 利息　年○% 損害金　年○% 債務者　○○区○○町○丁目○番○号 抵当権者　○○区○○町○丁目○番○号 株式会社○○銀行(○○支店)

共　同　担　保　目　録				
記号及び番号	㋐第○○○○号		調製	平成○○年○○月○○日
番　号	担保の目的である権利の表示	順位番号	予　　備	
1	○○区○○町○丁目　○○番の土地	1	余白	
2	○○区○○町○丁目　○○番地　家屋番号 ○○○番の建物	1	余白	

これは登記記録に記録されている事項の全部を証明した書面である。

平成○○年○○月○○日
関東法務局特別出張版　　　　　　登記官　　　　　　　○　○　○　○

※　下線のあるものは抹消事項であることを示す。　　　　　整理番号　○○○○__(1/1)　　(1/1)

書式 地図等の閲覧又は写しの交付申請書

地図・各種図面用

地　図　の　証明書　申請書
地積測量図等　　閲　覧

※ 太枠の中に記載してください

窓口に来られた人 （申請人）	住所	東京都練馬区××四丁目5番6号					収入印紙欄
	フリガナ 氏名	ヘイノ　サブロウ 丙野 三郎					収入印紙

※地番・家屋番号は、住居表示番号（○番○号）とはちがいますので、注意してください。

種別 （レ印をつける）	郡・市・区	町・村	丁目・大字・字	地番	家屋番号	請求通数	収入印紙
1 □土地 2 ☑建物	練馬区	××	七丁目	8番地9	8番9	1	
3 □土地 4 □建物							収入印紙は割印をしないでここに貼ってください。 （登記印紙も使用可能）
5 □土地 6 □建物							
7 □土地 8 □建物							
9 □土地 10 □建物							

（どちらかにレ印をつけてください。）
　□ 証明書　　□ 閲覧

※該当事項の□にレ印をつけ、所要事項を記載してください。

□ 地図・地図に準ずる図面（公図）（地図番号：＿＿＿＿＿＿）
□ 地積測量図・土地所在図
　　□ 最新のもの　□昭和／平成　　年　　月　　日登記したもの
☑ 建物図面・各階平面図
　　□ 最新のもの　☑昭和／平成 24年 4月 23日登記したもの
□ その他の図面（　　　　　　　　　　　　　　）
□ 閉鎖した地図・地図に準ずる図面（公図）
□ 閉鎖した地積測量図・土地所在図　昭和／平成　　　年　　月　　日閉鎖
□ 閉鎖した建物図面・各階平面図　昭和／平成　　　年　　月　　日閉鎖

交付通数	交付枚数	手数料	受付・交付年月日

(乙号・4)

登記記録の見方を知っておこう

表題部と権利部に分かれている

● 登記事項証明書で権利関係を確認する

 登記記録は、磁気ディスクで調製された登記簿に記録された電磁的記録（磁気ディスク上の記録）です。登記記録には、不動産ごとにその所在場所や面積などの物理的状況、所有権や抵当権などの権利に関する情報が記録されています。ただ、登記記録は電磁的記録ですので、従来の紙の登記簿を閲覧するように、その内容を直接見ることはできません。

 そこで、登記事項証明書を取得して、登記記録の内容を調べることになります。登記事項証明書を見れば、現在の権利関係がどうなっているかということだけではなく、これまでどのような権利変動があったかという過去の経緯もわかります。

● 登記記録の構成はどうなっているのか

 1つの登記記録は、一筆の土地または1個の建物ごとに作成されます。「一筆」というのは聞きなれない言葉かもしれませんが、筆は土地の単位で、1個の土地のことを一筆の土地といいます。登記記録は、土地の場合も建物の場合も、表題部、権利部からなり、権利部は甲区と乙区に分かれます。

 もっとも、不動産によっては、権利部の記録がないものもあります。また、権利部のうち、甲区はあっても乙区の記録がないものもあります。たとえば、新築した建物について、所有権保存登記（135ページ）をしていない場合には、権利部の記録がありません。また、所有権保存登記をしていても、抵当権や地上権など、所有権以外の権利を不動

産に設定していなければ、権利部のうち乙区の記録はありません。

また、マンションなどの区分建物の場合には、まず、一棟の建物全体がどこにあり、どんな構造になっているのかということを示す建物全体の表題部があり、それに続いて専有部分についての表題部、権利部があります。つまり、区分所有建物の場合は、表題部が2つあるということになります。

●「表題部」「権利部」「甲区」「乙区」とは何か

登記記録は、「表題部」「権利部」に分けて、権利部はさらに「甲区」と「乙区」に分けられています。こうした分類によって、物理的状況や権利関係がわかりやすくなっているといえます。

① 表題部

表題部は、不動産の物理的な状況を表示する部分です。

建物の登記記録では、その建物の所在、建物の家屋番号、さらに種類・構造・床面積などが記録されています。所有権登記がない場合は所有者の住所、氏名が記録されます。共有関係にある（所有者が2名以上いる）ときは住所、氏名に加えて共有者各自の持分が記録されます。土地の登記記録では、土地の所在と地番、地目、地積などが記録されています。所有権登記がない場合は所有者の住所、氏名が、共有関係にあるときは共有者各自の持分が、それぞれ記録されています。

② 権利部

・甲　区

甲区は所有権に関する事項を記録する部分です。所有権者が、その不動産を取得した原因・年月日と所有者の住所・氏名などが記録されています。その不動産の現在の所有権者は、通常、甲区の最後に記録されることになります。所有権に関する登記としては、建物を新築した場合に初めて行う「所有権保存の登記」や不動産が売買された場合などに行う「所有権移転の登記」などがあります。

所有権は、物を全面的に支配する権利です。たとえば、不動産を使用して、そこから収益を得たり、処分することができます。賃借権、地上権、抵当権、質権などを設定することもできます。
　そのため、不動産取引を始める場合には、登記事項証明書または登記事項要約書の交付を受けて、所有権者が誰なのかをまず調べることが重要です。
　たとえば、次ページ図の「甲・乙区サンプル」では、新築後に「所有権保存」の登記がされた後、売買により所有権が移転し、その購入者が現在も所有権を持っているということがわかります。

・乙　区
　乙区は不動産の所有権以外の権利についての事項が記録される部分です。乙区に登記される権利は、用益権と担保権の大きく２つに分かれます。用益権とは、賃借権や地上権など、他人の不動産を利用する権利のことです。担保権とは、抵当権や質権などのように、債権の回収を確実にするために目的物に対して設定され、債務が履行されないときは、最終的に目的物を金銭に換えて債務にあてることができる権利です。
　不動産所有者である売主から不動産を購入しても、その不動産に担保権が設定されている場合、後で担保権が実行されると、所有権を失うことになります。また、１つの不動産に複数の担保権が設定されている場合には、権利関係が複雑なものになります。取引の前には、必ず登記記録を調べて不動産の権利関係を慎重に確かめておく必要があります。

● 登記記録は地番や家屋番号によって管理されている

　登記事項証明書や要約書の交付を受ける場合、あるいは登記を申請する場合には、対象となる不動産を特定して申請しなければなりません。土地や建物は登記されると必ず番号がつけられます。土地であれ

ば一筆ごとに1つの地番、建物であれば1個の建物ごとに1つの家屋番号がつけられます。法務局はこれらの地番や家屋番号を基準にして管轄地域内の不動産の登記記録を管理します。したがって登記事項証明書の交付請求などをするときは、これらの番号を申請書に記載することによって不動産を特定します。ただ、土地の地番については一般の住居表示とは異なりますので注意が必要です。地番や家屋番号は、自分が所有している不動産や自分が抵当権者になっている不動産などであれば、登記識別情報や登記済証（権利証）を見ればわかります。

　上記の方法でわからない場合は、固定資産税の納付通知書やブルーマップと呼ばれる住所から地番がわかるようにした地図帳（法務局に備えつけられています）で調べることができます。それでも不明な場合には、市区町村役場に聞いてみるか、法務局に相談してみましょう。

■ 甲・乙区サンプル　……………………………………………

権利部（甲区）	（所有権に関する事項）		
順位番号	登記の目的	受付年月日・受付番号	権利者その他の事項
1	所有権保存	平成○○年○月○日 第○○○号	所有者　○○区○○町○丁目○番○ ○○○○
2	所有権移転	平成○○年○月○日 第○○○号	原因　平成○○年○月○日売買 所有者　○○区○○町○丁目○番○ ○○○○

権利部（乙区）	（所有権以外の権利に関する事項）		
順位番号	登記の目的	受付年月日・受付番号	権利者その他の事項
1	抵当権設定	平成○○年○月○日 第○○○号	原因　平成○○年○月○日 金銭消費貸借同日設定 債権額　金○○○万円 利息　　年○％ 損害金　年○％ 債務者　○○区○○町○丁目○番○号 　　　　○○○○ 抵当権者　○○区○○町○丁目○番○号 　　　　株式会社○○銀行（○○支店）

各種の図面について知っておこう

登記記録だけではわからないことも調べられる

● 登記記録以外の資料とは

　不動産についての権利関係などを知るには、法務局に行って登記事項証明書または要約書の交付を受けることが一番です。

　ただ、登記記録だけからその不動産についての情報をすべて得られるわけではありません。特に、登記記録には図面は含まれませんので、図面で表さざるを得ない情報については、登記記録の調査だけでは不十分です。

　そこで、法務局では各種の図面を備え置くことで、不動産について調査するときの便宜を図っています。登記記録からだけではわからない土地の正確な面積や形状、建物の寸法や内部などを知ることができます。これらの図面も手数料を納付すれば閲覧することができます。

　ここでは、これらの図面について簡単な説明をしておきますので、利用するときのヒントにしてみてください。

● 公図について

　普通、土地の上にあるものを示す場合には地図が使われます。不動産も土地なり建物なりその所在を示すためには地図が最適なはずです。そのため、不動産登記法でも各法務局に正確な地図を備え置くべきことを定めています。しかし、残念ながら予算不足などの事情からほとんどの法務局にこの「地図」は配備されていないのが現状です。

　その代わりに法務局には**公図**という図面が置かれています。この公図はもともと税金を徴収するために作成されたものを税務署から法務局に移したものです。ただ、多くは明治時代に作成されたものがもと

になっているので、現在の地形、面積、位置関係を正確に反映しているとは限りません。そのため、公図の写しを取得しても登記事項証明書のような正式な証明書としては使用することはができません。

　ただ、登記事項証明書や他の図面などと併せて使用することで、参考資料として十分利用できるでしょう。

　公図を閲覧するには法務局に用意されている「地図等の閲覧又は写しの交付申請書」（42ページ）を使用します。必要事項を記入して、チェック欄については「閲覧」・「地図・公図」の欄にチェック（レ）を入れます。また、不動産を指定するために「地図番号」と「地番」を記入します。地図番号は法務局に置かれているブルーマップや公図番号索引簿で調べることができます。

　閲覧のための手数料は収入印紙を申請書に貼付することによって支払います。公図1枚あたり450円です。公図をコピーすることもできます。

● 地積測量図について

　一筆の土地を複数の土地に分割することを分筆といいますが、この分筆登記の申請をするときには地積測量図の提出が求められます。登記記録上の土地の面積が誤っている場合、それを正確なものに直す登

■ 公図サンプル

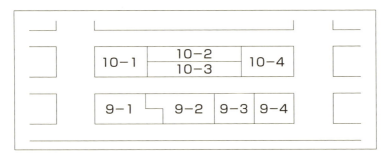

記をしますが、その申請をするときにも**地積測量図**の提出を求められます。

　地積測量図は法務局に保管され、これを調べることで、土地の形状や各辺の長さ、道路との関係を知ることができます。また、地積測量図には、面積算定のための計算表（求積表）、方位、境界の種別なども記載されています。地積測量図の閲覧申請も公図の場合と同じ手続をします。「地図等の閲覧又は写しの交付申請書」に必要事項を記入して、「閲覧」「地積測量図・土地所在図」の欄にチェックを入れます。手数料は公図と同じで、土地一筆につき450円です。収入印紙を貼付してください。

● **建物図面について**

　建物について、敷地との位置関係などを調べたい場合、建物の登記記録を調査してもわかりません。そこで法律上は、各法務局に**建物所在図**を備え置くように規定されています。この建物所在図は建物が敷地に対して所在する位置関係を示していて、建物に特有の家屋番号を

■ 地積測量図サンプル

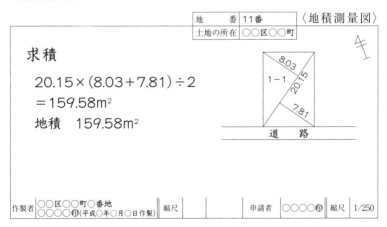

表示しているものです。ただ、残念なことに現時点では、この建物所在図を備え付けている法務局は、それほど多くありません。

そのため、建物所在図を補うものとして「建物図面」が法務局に用意されています。この建物図面には建物の１階の部分の形状と敷地との位置関係が図示されています。これを参照することによって、建物登記簿だけからは得ることのできない情報を得ることができます。

この建物図面は登記申請者から提出されたものです。建物を新築・増改築したり、さらには一部滅失した場合や誤って記載されている建物の面積を改める場合に、申請に伴って提出される図面なのです。

建物図面を閲覧したいときは、法務局に用意されている「地図等の閲覧又は写しの交付申請書」に建物の所在・家屋番号など必要事項を記入して提出します。このとき、チェック欄では「閲覧」と「建物図面」にチェックを入れます。手数料として用意すべき収入印紙は建物一軒あたり450円です。

● 各階平面図について

たとえば、中古の一戸建てを購入しようとする場合に、その建物の内部がどのような造りになっているのか、各階の床面積がどのくらいあるのかについては、誰でも気になるところです。現地に行き、実際に内部を見せてもらうことも当然ですが、具体的な数字で表された図面で参照することができれば、さらに確実な状況の把握ができるようになります。

そのような場合に役立つ図面が**各階平面図**です。各階平面図にはその建物の各階の形状や床面積が表示されていて、建物図面とともに建物の登記記録を補ってその建物に関する有益な情報を提供してくれます。各階平面図も建物の新築などの申請のときに建物図面と一緒に申請者によって提出されます。

閲覧を希望する場合は、その手続は建物図面の場合と同様です。

「地図等の閲覧又は写しの交付申請書」に必要事項を記入して申請してください。貼付すべき収入印紙は建物一軒につき450円です。

● その他の資料について

　法務局には公図などの図面が用意されていて、登記記録からだけでは十分に把握することのできない情報を提供しています。しかし、以上に述べてきた図面だけでは、まだまだ不動産に関する情報を十分に理解することはできません。不動産をめぐる権利関係は多種多様なために、これらの図面で補ってもまだ把握しきれないからです。

　法務局では上記の図面以外にも不動産を調べる手がかりとして以下に列挙する資料を用意しています。不動産について調査するときに、調査の目的などに応じて活用してみるとよいでしょう。

① 地役権図面

　地役権といってもあまり耳慣れない言葉かもしれません。地役権とは、ある土地（要役地）を利用するために、他の土地（承役地）を利

■ **建物図面、各階平面図のサンプル**

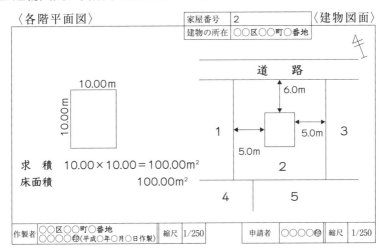

用することができる権利です。

　たとえば、道路に出るまでに小さな通路はあるが自動車が出られるほどの広さはないので、道路との間にある隣の土地に自動車が通るための通路を開かせてもらう場合や隣の土地の井戸から水を引かせてもらう場合などです。

　地役権は双方の土地の所有者同士や地上権者などとの契約によって設定することができます。そして、設定すると権利として登記することもできます。

　地役権といってもその種類や内容・範囲はさまざまです。そのため、地役権の内容について第三者が登記を通じて理解しやすいように、地役権設定の範囲が承役地の一部である場合は、登記申請のときにその範囲を明らかにした「地役権図面」を提出することになっています。この地役権図面を参照することによって、その土地に関係する地役権を十分に知ることができるわけです。

② **工場財団目録**

　よく不動産を担保にして借金をすることがあります。工場経営者も事業の資金を工面するために工場のある土地や建物を担保にすることがよくあります。ただ、工場の場合は土地や建物だけではなく、その中にある機械や材料などもワンセットで担保に入れた方が価値は高いといえます。工場全体が一体となってはじめて生産活動をすることができるからです。

　この場合に工場を構成するどの範囲のものまでが担保の対象となっているのかを明らかにするために、登記申請のときに「工場財団目録」を提出することになっています。第三者はこの目録を参照して担保の範囲を知ることができるのです。

③ **機械器具目録**

　工場に抵当権を設定するときによく問題になるのが、その抵当権はどの範囲にまで効力が及んでいるかということです。特に、工場の内

部には高価な精密機械などが設置されていることが多いものです。

そこで、抵当権設定登記を申請するときには「機械器具目録」を提出して、抵当権の効力の及ぶ機械や器具の範囲・数量を明らかにしています。

④ 共同担保目録

借金をした場合にそれを担保するために不動産に抵当権などの担保権を設定しますが、1つの不動産だけでは十分な担保にならないこともあります。その場合は複数の不動産に同時に担保権を設定したり、まず1つの不動産について担保権を設定し、後で他の不動産に担保権の追加設定をします。この場合、他のどの不動産に担保権が設定されているかを知ることができるようにするために「共同担保目録」が作成されます。共同担保目録は、登記官が作成することになっています。

⑤ その他

法務局に備え付けられている資料としては、前述したものの他に、たとえば「信託目録」があります。これは、不動産の所有者が他人に不動産の管理・処分などをまかせた場合に、そのまかせた内容を記録したものです。

● 各種図面の保存期間はどうなっているのか

地図、公図、建物所在図は法務局で永久に保存されます。地積測量図、建物図面、各階平面図は原則として永久に保存されますが、閉鎖されたものは閉鎖された日から5年間保存されることになります。

その他、たとえば地役権図面は閉鎖された日から30年間保存され、共同担保目録はその共同担保目録に記録されているすべての事項を抹消した日から10年間、信託目録は信託の登記の抹消をした日から20年間保存されます。

5 土地について表題部から何がわかるのか

用途や面積がわかる

● 表題部を見てみる

　ある人を目の前にしてもただそれだけでは、その人の性格、もっている財産、職業などは簡単にはわかりません。しかし、その人の顔立ちや体格など、物理的・外形的なことはわかります。登記記録の表題部はそれを見ることで、その不動産の物理的・外形的なことがわかるようになっています。

● 土地の表題部に書かれていること

　登記事項証明書では、表題部は一番上に記載され、以下の各欄に分かれています。
① 所在欄
　その土地がどこに所在しているかを示しているのが「所在」欄で、登記事項証明書の表題部の上の方の左側にあります。ここには、たとえば「東京都○○区△△町×丁目」「長崎県○○市△△町」というようにその土地のだいたいの所在場所が記載されています。
② 地番欄
　その登記記録の土地と別の土地を区別するためにつけられているゼッケンともいえる番号が「地番」欄に記録されている地番です。地番は一定の区域ごとに一番、二番、三番…といったように順次、一筆の土地ごとにつけられていきます。地番は土地の単位である一筆ごとにつけられていくものです。そのため、分筆（一筆の土地を複数の土地に分割すること）や合筆（複数の土地を一筆の土地に合体させること）さらには区画整理があると、当然のことながら地番は変更される

ことになります。

③　地目欄

　その土地が何のために利用されているのかを示すのが「地目」欄です。地目は宅地など土地の用途をいいます。登記される地目は全部で21種類ありますが、地番と同じように申請人が勝手に決定することはできません。地目については、行政内部で21種類の中からどれを選ぶかの認定基準が定められていて、それに従って決められています。

　もちろん、工場に使用していた土地について、住宅を建てるために用途を変更するなど、地目の変更も認められています。

④　地積欄

　土地の面積を地積といって、「地積」欄に記録がなされます。ただ、登記記録に記録されている地積は正確な面積を表しているとは限りません。ですから、土地を売買するときに面積を基準にして代金を決定する場合には、登記記録に記録されている地積を基準にすると後でトラブルになる可能性があります。面倒でも実際に測量した方がよいでしょう。

⑤　その他

　その他に、登記の原因と日付を記録している「原因及びその日付」欄、「登記の日付」欄などが表題部には設けられています。

■ 表題部サンプル（土地の場合）

表　題　部 (土地の表示)			調整　平成○年○月○日	地図番号	余　白
【不動産番号】	12341234				
【所在】	大阪府岸和田市○○町○○		余　白		
【①地番】	【②地番】	【③地積】　㎡	【原因及びその日付】		【登記の日付】
221番3	宅地	98 ¦ 00	221番1から分筆		平成○年○月○日

6 建物の場合には表題部から何がわかるのか

用途や構造がわかる

● 建物の表題部について

　建物の表題部も土地の表題部と同じように、その物理的・外形的な状況を表しています。

　ただ、建物の場合はその取引にあたって、内部がどのようになっているのかを知りたいという人も多いでしょう。また、土地とは異なって内装を少し変えるだけでその用途も簡単に変更できる点に特色があります。そのため、土地の表題部とは異なり、種類欄・構造欄・床面積欄といった項目が設けられています。

● 所在欄

　建物の登記事項証明書の「所在」欄には、その建物が建っている土地の地番が記載されています。つまり土地の表題部の「所在」+「地番」が建物の「所在」となるわけです。

　なお、複数の土地の上に一軒の建物が建っているときには、所在欄はどうなるのでしょうか。たとえば、地番○番と△番の土地の上に一軒の建物が建っている場合です。その場合は、面積が広い土地の方から順番に複数の地番が記録されることになっています。

　さらに、所在欄に「○番地先」という表示がなされていることがたまにあります。これは、その建物の建っている土地に地番がないことを意味しています。そのため、同じ地番区域で敷地と隣接している土地の地番（○番地）を使用して所在を表しているのです。

● 家屋番号欄

　土地の表題部では、その土地と他の土地の区別をつけるために、土地のゼッケンともいえる地番をつけています。建物の表題部では、その建物と他の建物の区別をつけるため「家屋番号」をつけています。家屋番号欄に記録されている番号がそれにあたります。

　建物の場合は、所在欄に記録されている敷地の地番と家屋番号欄に記録されている家屋番号によって、物件の特定がなされることになるわけです。

　なお、家屋番号が「○番○の1」「○番○の2」などと枝番によって記録されている建物もあります。これは、地番○番○という一筆の土地の上に複数の別個の建物が建てられていて、それぞれに家屋番号がつけられていることを意味しています。

● 種類欄

　建物の登記記録を調べる人にとってその建物がどのような用途に利用されているかは重要な関心事です。たとえば現在どのような形で利

■ 表題部サンプル（建物の場合）

表　題　部 (主である建物の表示)		調整	余　白		不動産番号	0000000000000
所在図番号	余　白					
所　　在	特別区○○町○丁目　○○番地				余　白	
家屋番号	○○番				余　白	
① 種　類	② 構　造		③ 床面積 ㎡		原因及びその日付〔登記の日付〕	
○○	○○○○○○		1階　　○○：○○ 2階　　○○：○○		平成○○年○○月○○日新築 〔平成○○年○○月○○日〕	
表　題　部 (附属建物の表示)						
符　号	① 種類	② 構　造	③ 床　面　積　㎡		原因及びその日付〔登記の日付〕	
1	○○	○○○○○	○○：○○		〔平成○○年○○月○○日〕	
所 有 者	○○区○○町○丁目○番○号　○○○○					

用されているのかがわかれば、将来売買によってその建物を取得したときに自分がどのように利用することができるかがわかるからです。

たとえば、洋装店を開業したい人がある建物を購入したいと思って登記簿を調べたところ、その建物が店舗として利用されていれば、たとえそれが書店であってもちょっとしたリフォームを加えれば容易に開店することができるとわかるわけです。

この建物の用途を記録している欄を「種類」欄といいます。建物の種類の決定は行政内部の基準に沿って決定されていますが、閲覧する人の便宜を考慮してかなり多くの種類に細かく分類されています。

また、形態の違いだけではなく、大小の違いによっても、工場と作業場、倉庫と物置といったように細かく分けられています。

さらに、1階は作業場で2階から上は住まいに使用されている建物もよくありますが、そのような場合は「居宅・作業場」といった並列の記録もなされています。以下に代表的な種類を挙げておきます。

① 居宅
人が日常的に寝起きをしたり食事をして生活するための建物です。

② 共同住宅
構造上複数の世帯が各戸に独立して生活することができるように区画されている建物です。

③ 事務所
法人または個人が経営する事業のために使用する建物です。

④ 店舗
小規模な商業を営むための建物です。

● 構造欄

たとえば、抵当権を設定してお金を貸す場合に、その建物がどの程度の価値をもっているかは貸す側にとって大切なことです。建物の価値を図る材料のひとつとして、その建物が何でできていて何階建てか

は重要なことです。構造欄では、建物の主要な構成材料と屋根の種類、階数が記録されています。主要な構成材料として、わが国では、木造、鉄筋コンクリートなどがよく使用されているようです。

● 床面積欄

土地の地積は1つしかありませんが、建物は平家建てでもない限り各階ごとに複数の床面積があり得ます。各階の床面積がどれほどあるのかは建物の要素として重要です。そこで、建物の場合は各階ごとに床面積を表示しています。

● その他

土地の表題部と同じように、「原因及びその日付」欄、「登記の日付」欄などが設けられています。

また、車庫や物置のように建物に付属して独立しては扱われていない建築物が「附属建物」欄に記録されています。

■ 建物の構造の区分

① 構成材料による区分	イ	木造	ホ	コンクリートブロック造
	ロ	土蔵造	ヘ	鉄骨造
	ハ	石造	ト	鉄筋コンクリート造
	ニ	煉瓦造	チ	鉄骨鉄筋コンクリート造
② 屋根の種類による区分	イ	瓦葺	ニ	草葺
	ロ	スレート葺	ホ	陸屋根
	ハ	亜鉛メッキ鋼板葺		
③ 階数による区分	イ	平家建	ロ	2階建（3階建以上の建物にあっては、これに準ずるものとする）

マンションの登記の表題部から何がわかるのか

マンション全体の表題部と専有部分の表題部がある

● 分譲マンションの登記とは

　ここでは、マンションの登記について見ていきましょう。

　マンションにも大きく分けて2通りあって、所有者に家賃を支払う賃貸型と所有者から買い取って居住する分譲型があります。賃貸型では、通常は居住している区画は独立して登記すべき対象にはなっていません。一方、分譲型では、所有権を第三者に譲渡したり、抵当権などの担保権や賃借権を設定して第三者に貸し出すこともできます。そのため、1つの区画ごとに権利関係を明示する必要性があり、登記すべき対象となっています。

　分譲型マンションで独立して所有することができる部分を**専有部分**といい、玄関部分やエレベーター・階段など共同して利用する部分を**共用部分**といいます。なお、法律的には分譲マンションは区分所有建物または区分建物と呼ばれています。

　マンションの登記で、一戸建ての建物の場合と最も異なる点は、表題部にマンション全体の表題部と専有部分の表題部がそれぞれ備えられていることです。登記事項証明書を見れば、個々の専有部分だけでなくマンション全体の様子も同時に調べることができるわけです。

　登記事項証明書の最初にはマンション全体についての表題部が記載されています。そこには、所在、構造、床面積などが表示されています。一戸建ての建物と異なる点は種類の表示がないところです。たとえば、1階の各専有部分では店舗が経営されていて、2階では事務所、3階以上では住居というようにマンション全体の中で違った種類の専有部分が存在することになるからです。

また、敷地権について登記される場合には、敷地権の目的である土地の所在および地番、地目、地積などが表示されます。
　続いて、専有部分についての表題部が備えられていて、床面積や敷地権の割合などが表示されています。この専有部分の表題部に続いて、専有部分に関する権利部（甲区と乙区）が記載されることになります。

● 敷地権とは何か

　当然のことですが、建物に住むためには、その建物の立っている土地を使用する権限がなければなりません。マンションの専有部分を所有する場合にも、この土地（敷地）に関する権利が必要になります。この土地（敷地）を利用する権利を**敷地利用権**といいます。敷地利用権には、所有権や地上権、賃借権などがあります。
　各部屋の所有者は、部屋を所有すると同時に、土地の持分について、敷地の利用権を確保していることになります。
　土地と建物はあくまでも別個のものですから、マンションの部屋と土地の持分を別の人に処分する場合のように、それぞれを別々に売却することができるはずです。

■ マンション全体の表題部サンプル

専有部分の家屋番号	2-1-○○○	2-1-○○△	2-1-○○□	2-1-○○×
表　題　部（一部の建物の表示）	調整	余白	所在図番号	余白
所　　在　特別区○○町○丁目　○番地○			余白	
建物の名称　○○○○○○			余白	

①　構　　造	②　床　面　積　㎡	原因及びその日付〔登記の日付〕
○○○○○	1階　○○：○○ 2階　○○：○○	〔平成○○年○○月○○日〕

表　題　部（敷地権の目的である土地の表示）			
①土地の符号	②　所　在　及　び　地　番	③　地　目	④　地　積　㎡	登　記　の　日　付
1	○○○○○○○○	○○	○○○：○○	〔平成○○年○○月○○日〕

しかし、こうしたことが行われると、部屋の所有者が敷地の利用権を確保できないという事態が生じる可能性があります。そこで、昭和58年の区分所有法（建物の区分所有等に関する法律）の改正によって、区分建物の専有部分と敷地利用権とは、原則として、分離して処分できないことが明確にされました（分離処分の禁止）。

　また、これにあわせて不動産登記では、「敷地権」の登記ができました。敷地権の登記とは、大雑把にいえば、土地の登記記録に登記するのをやめてしまい、土地に関する権利の変動も建物の登記記録に記録してしまうものといってよいでしょう。

　たとえば、一戸建ての建物と土地に抵当権を設定する場合、抵当権は、建物の登記簿とその建物の立っている土地の登記簿にそれぞれ記録されます。

　これに対して、区分建物に抵当権を設定する場合、土地に関する権利の変動も建物の登記記録に記録されるため、土地（敷地）の登記簿に、抵当権の記録はされず、建物の登記簿にのみ抵当権の記録がなされることになります。このことは区分建物の売買でも同じです。つまり、マンションの各部屋の登記簿に「敷地権の表示」などを記録することによって、その登記簿の甲区に売買の登記が記録されていれば、部屋だけでなく敷地利用権も一緒に売買されたと扱われるのです。

　「敷地権の表示」の登記には、敷地権の種類（所有権、地上権など）、敷地権の割合（専有部分を所有する者がもつ土地の持分）などが記録されます。敷地権の表示が登記された場合、登記官は職権で、敷地権の目的となった土地の登記簿に敷地権たる旨の登記をします。敷地権の種類が所有権であれば、甲区に「所有権敷地権」と記録されます。

　ただ、区分所有法改正後に建てられたマンションであっても、敷地権の登記は必ずしなければならないというものではありません。また、専有部分と敷地利用権との分離処分は原則として禁止されていますが、マンションの規約によって分離処分を可能にすることもできます。

8 甲区の読み方について知っておこう

所有権に関する権利関係が記録されている

● 甲区を知るためのポイントとは

　不動産の物理的・外形的な状況については「表題部」に記録されています。ただ、不動産取引に入るときにはその不動産の登記を調べるだけではなく、実際に不動産が所在する現地まで行って検分してみるのが常識になっています。

　しかし、いくら現地まで行って不動産の現状を観察してみたところで、権利というものは目で見たり手で触ったりすることができないものです。ですから、それを登記簿で確認する作業がどうしても必要になります。

　表題部とは異なり不動産に関する権利関係を記録しているのが、表題部に続く権利部であり、権利部は「甲区」と「乙区」に分かれています。このうち、甲区にはその不動産の所有権に関する記録がなされています。また、乙区にはその不動産の所有権以外の権利に関する記録がなされています。

● 甲区の各欄の読み方

　ここでは、甲区において記録されている事項について、どのように理解すべきかを紹介することにします。
① 甲区
　登記事項証明書の表題部の下に、甲区であることを示すためのタイトルとして「【権利部（甲区）】（所有権に関する事項）」と記載されています。
② 順位番号

登記事項証明書の「順位番号」欄に記載されているのは、「1」「2」といった数字であり、これは登記された順番、厳密にいえば登記の申請が受け付けられた順番を示しています。つまり、順位番号1の登記の申請の方が順位番号2の登記の申請よりも早く受け付けられたことになります。

　ただ、甲区ではこの順位番号が問題になることはあまりありません。後述するように、乙区では各種の担保権（抵当権や不動産質権）、用益権（賃借権や地上権）が登記され、複数の登記がなされているときに、それぞれの登記の優劣を判断するのに順位番号が非常に重要です。甲区の場合、たとえば、順位番号1番でAの所有権保存登記がなされ、2番でAからBへの売買を原因とする所有権移転登記がなされ、甲区の記録はそれだけである場合、登記記録上の所有権者はあくまでも2番の登記の所有権者Bであり、1番で登記されたAがBに優先するというようなことはないからです。

　ただし、仮登記や差押の登記がされているときはその順位番号が重要な意味を持つ場合があります。

　通常、順位番号は「1」「2」といった数字で表現されます。こうした数字で順位が表示されている登記は**主登記**と呼ばれるものです。登記は主登記でなされるのが原則です。

　これに対し、登記事項証明書の順位番号欄に「付記1号」などと記載されている登記があります。

　たとえば、順位番号1番でAの所有権保存登記がなされ、そのすぐ下に「付記1号」などと書かれているわけです。

　このような順位番号がつけられている登記は**付記登記**と呼ばれています。甲区の場合、所有者の住所や氏名が変更された場合など、すでに主登記として記録されている内容に変更が生じた場合などに、主登記と同じ順位を維持したまま付記登記がなされます。つまり付記登記は独立した順位で登記されるのではなく、主登記と一体のものとして

扱われるのです。どのような付記登記がなされたかについては、登記事項証明書の「権利者その他の事項」欄を見ればわかるようになっています。

③ 登記の目的

所有権についてどのような目的で登記がなされたかが記録されているのが「登記の目的」の欄です。

建物が新築された場合の「所有権保存」、売買や相続による「所有権移転」などの記録がなされます。

④ 受付年月日・受付番号

登記の申請が受け付けられると1件ごとに受付番号がつけられます。そして、受付年月日とともにこの欄に記録されることになります。

⑤ 原因

登記の原因となった法律行為や事実が、日付とともに記録されます。登記の目的欄に掲げられた権利変動が、いつ、どのような原因で生じたのかを明らかにするものです。

⑥ 権利者その他の事項

甲区は不動産の所有権に関する記録がなされ、「権利者その他の事項」欄には、通常、所有者の住所や氏名が記録されます。所有権が移転するたびに新しい所有者の住所や氏名を記録します。通常、甲区の最後に記録されている者が現在の所有者ということになります。

なお、不動産の所有の形態としては単独所有だけではなく、共有の場合もあります。たとえば、死亡したAの所有する土地を妻Bと子Cが法定の相続分に従って相続した場合は、BとCが「共有者」として記録されて、それぞれ2分の1の持分をもっていることが氏名の上に記録されます。

その他のおもな注意点は、以下のとおりです。

・抹消登記

登記されている権利関係が何らかの原因によって消滅すると、申請

によってその登記は抹消されます。抹消の登記が申請された場合、その登記は主登記として元の登記とは別の順位で記録されます。また、抹消の対象となった登記自体は、記録されていたものが消されて空白になるわけではありません。抹消された部分に下線が引かれ、それが抹消されたものであることを示します。

・仮登記

登記はその順番が大切ですが、何らかの事情によってすぐに本格的な登記ができない場合があります。このようなときに、とりあえず順番だけを確保しておくために行われる登記が仮登記です。「所有権移転請求権仮登記」などと示されています。

条件が整って本登記に改めると、仮登記がなされたときの順番で登記がなされたことになります。ですから、仮登記の後に第三者が何らかの権利を登記していたとしても、仮登記が本登記に改められるとその第三者の権利は劣後することになるのです。仮登記があるときは、その順位番号には気をつけてください。

■ 不動産を共有している場合の登記記録（BとCの共有）………

【権利部（甲区）】		（所有権に関する事項）	
順位番号	登記の目的	受付年月日・受付番号	権利者その他の事項
2	所有権移転	昭和○○年○日○月○日第○○○号	原因　昭和○○年○日○月○日売買 所有者○○市○○町○番○号
3	所有権移転	昭和○○年○日○月○日第○○○号	原因　平成○○年○日○月○日相続 共有者 　○○市○○町○番○号 　　持分2分の1　B 　○○市○○町○番○号 　　　2分の1　C

9 乙区の読み方について知っておこう

所有権以外の権利関係について記録されている

● 乙区を知るためのポイントとは

　権利部の乙区は甲区と並んで不動産についての権利関係を記録している部分です。甲区には所有権に関する記録がなされるのに対して、乙区には所有権以外の権利に関する記録がなされます。

　不動産は利用価値が高い財産なので、所有権以外にもさまざまな権利が設定されたり発生しますが、乙区に記録される権利は大きく分けて、「担保権」と「用益権」に分類されます。**担保権**は債務が支払われないときに、不動産を競売にかけてその代金から債権を回収することができる権利です。ポピュラーなものは抵当権や根抵当権ですが、他には質権、先取特権などがあります。また、**用益権**は他人が所有する不動産を使用することができる権利です。賃借権、地上権、地役権などがあります。

　不動産に抵当権が設定されている場合、債務者が期限までに債務を支払わないと抵当権などの担保権が実行されて所有者は所有権を失うことがあります。また、賃借権などの不動産の利用権は何十年にもわたって存続し続けるものであり、その間は所有者であっても不動産を自由に使用することはできなくなります。ですから、登記記録を調べるときには、乙区にどのような性質の権利が記録されているのか、注意してください。

● 乙区の各欄の読み方

　ここでは登記事項証明書の乙区に記載された事項の意味を簡単に説明しますが、複数の権利が絡み合っているとその判断は難しくなりま

す。そのような場合には、自分だけで判断せずに、司法書士などの専門家に相談しましょう。

① 乙区

タイトルとして「【権利部（乙区）】（所有権以外の権利に関する事項）」と記録されていて、表題部や甲区との区別ができるようになっています。

② 順位番号

権利関係の優劣を決めるために、順位番号が「１」「２」といった数字で記録されます。甲区と比較して、乙区の場合、順位番号は非常に重要です。たとえば、順位番号１番でＡを抵当権者とする抵当権、２番でＢを抵当権者とする抵当権が設定されている場合、それぞれの抵当権が消滅などしていなければ、債務者が債務を履行できず、抵当権が実行される、つまり不動産が競売などにかけられたときには、まずＡが優先的に自分の債権を回収し、その残りからＢが自分の債権を回収することになります。

この順位は甲区と同じように受付の順番で決まります。抵当権者Ａが抵当権者Ｂより数秒でも早く抵当権設定の登記を申請すると、Ａの順位が上になり、ＡがＢに優先するというわけです。

乙区の順位に関しては、原則として、順位番号１番が２番に、２番が３番に優先する、と理解しておけばよいのですが、たとえば後述する順位変更の登記がされていたり、また順位の譲渡の登記がなされていると、その優先順位は変わってきます。

乙区の順位番号欄にも甲区と同様、「付記○号」という記載がされている場合があります。これも甲区の場合と同様に、付記登記であることを示すものです。乙区の付記登記は、甲区の場合と同様に抵当権者などの住所、氏名などに変更が生じた場合の他、抵当権が移転した場合にも行われます。つまり、順位番号１番のＡの抵当権が、Ｃに移転した場合、１番の「付記登記１号」で、Ｃへの移転登記がなされま

す。そしてこの場合、このCの抵当権は、あくまでも第1順位を保ったままなのです。

③　登記の目的

その登記がなされた目的が記載されています。「抵当権設定」「賃借権設定」といったものです。

④　受付年月日・受付番号

登記が申請されて受け付けられた年月日と受付番号が記載されています。

⑤　原因

登記がなされるにいたった原因が記載されています。担保権の場合は債務を担保するために設定されるので、その債務の発生原因が記録されることになります。たとえば、「平成○年○月○日金銭消費貸借平成○年○月○日設定」のように記録されます。

⑥　権利者その他の事項

乙区には権利についての情報が記録されています。

記録される内容については、たとえば抵当権などの担保権であれば、債務者が誰であって、担保される債権額・利息・損害金がいくらになるのかなどが記載されています。また、賃借権などの利用権であれば賃料や利用できる期間などが記載されることになります。

● その他の注意点

その他のおもな注意点は、以下のとおりです。

①　共同担保目録

抵当権または根抵当権の記録の末尾に「共同担保目録」という表示がなされていることがあります。これは、同じ債務を担保するために他の不動産にも担保権が設定されていることを示しています。つまり、1つの債務を担保するために1つの不動産では不十分だったため、同時に複数の不動産に担保権が設定されているわけです。その場合に、

各々の不動産の登記記録だけを見たのでは、他にどの不動産に担保権が設定されているのかが明らかになりません。そこで、法務局では共同担保目録を備えていて、他にどの不動産に担保権が設定されているのかが調べられるようになっています。

② 抹消登記

たとえば抵当権設定の登記がされている場合、抵当権が担保している債権（売買代金債権など）を返済すれば抵当権は消滅し、抵当権設定登記の抹消を申請することになります。抹消の登記が申請された場合、その登記は主登記（24ページ）として元の登記とは別の順位で記録されます。また、抹消の対象となった登記自体は、記録されていたものが消されて空白になるわけではありません。抹消された部分に下線が引かれ、それが抹消されたものであることを示します。

③ 順位変更

抵当権や根抵当権といった担保権の場合、その権利がどの順位で登記されているかが非常に重要です。この順位を担保権者同士の話し合いで入れ替えることもでき、その場合には、順位変更の登記がなされます。順位変更の場合、当事者同士の合意だけではその効果は発生せず、順位変更の登記をしてはじめて効力が発生します。

■ 共同担保目録

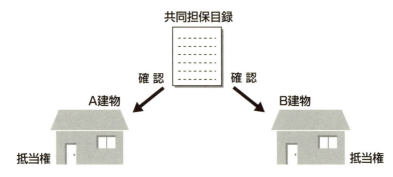

10 所有権の登記にはどんなものがあるのか

誰に所有権があるのかを知ることが大切である

● 所有権は権利部の甲区に記録されている

権利部の甲区には、その不動産の所有権に関する登記がなされています。**所有権**は不動産に限らずその対象となる物を全面的に支配することができる権利です。乙区に記録されている抵当権にしても賃借権にしても、甲区に記録されている現在の所有権者が納得して契約しなければ設定することはできませんし、訴訟などの結果に基づいて登記をする場合を除いて、その所有者が必要な書類を交付するなどして協力しなければ設定登記をすることはできません。不動産の所有者が誰であるかということは最も重要なことですので、所有権に関する登記記録については十分に注意してください。所有権に関する登記について代表的なものを簡単に見ていきましょう。

● 所有権保存の登記

通常、甲区の順位番号1番で登記されるのが「所有権保存の登記」です。ただ、一筆の土地が分筆されたり一軒の建物が分割されたりしたために、新しい不動産が発生して新登記簿が作成された場合は、その1番の登記は分筆や分割の前の登記事項であって所有権保存の登記ではありません。

たとえば、建物を新築した場合、建物の所有者はまず表示の登記をします。それによって表題部が作成されます。通常はその所有者がそのまま建物の所有権保存の登記をします。これによって甲区の登記記録が作成されるわけです。

もちろん、所有権保存の登記の所有者は1人の場合に限られること

第2章 登記記録のしくみ

なく、複数の場合もあります。その場合は、その不動産はそれらの人々の共有となり、共有者全員の住所・氏名・共有持分が記録されます。

● 所有権移転の登記

　所有権移転の登記は、売買、贈与、相続などによって不動産の所有権そのものが移転した場合に行われます。

　「原因」欄には所有権が移転することになった原因とその日付が記録され、「権利者その他の事項」欄に新しい所有権者の住所、氏名などが記録されます。共有の場合には、共有者それぞれの持分も記録されます。

● 所有権一部移転の登記

　不動産の所有権は全部だけではなくその一部だけを他人に譲ることができます。たとえば、Aが単独で所有する土地の3分の1をBに譲ることができ、その結果その土地はAが持分3分の2、Bが持分3分の1で共有する状態になるわけです。

　所有権一部移転の登記がされると通常、現時点でのその不動産の所有者（共有者）は最後の順位番号の者とその前の順位番号の者ということになります。前の例でいえば、一番最後の順位番号の者であるBとその前の順位番号の者であるAの共有となります。

　なお、所有権の一部移転は不動産の分割とは異なるので注意してください。つまり、上記の例でいえば、所有権の一部移転をした結果、AとBとは、それぞれの持分によって土地の「所有権」といういわば抽象的な権利を共有することになったのであり、たとえばその土地のここからそこまでの3分の2をAが所有し、そこからあそこまでの3分の1をBが所有することになった、というわけではありません。

　これに対して、不動産の分割は一筆の土地を複数の土地に分筆したり、一軒の建物を複数の建物に分割して、不動産そのものを別個独立

のものにしてしまうことです。そのため、登記についても登記簿自体別の新しいものを作成することになります。こうした手続をすることによって、最終的にもともとの土地の3分の2にあたる部分をAが所有し、3分の1をBが所有するという登記をすることができるようになります。

● 持分移転の登記

「持分全部移転」や「持分一部移転」といった記録があると、それは共有状態にある不動産の共有者がその持分の全部や一部を売買や贈与によって第三者に移転したことを意味します。共有者がその持分の全部または一部を第三者に譲ることも原則として自由です。つまり、譲渡に際して他の共有者の承諾などは不要です。たとえば、父親Aの死亡によって妻Bと子供C、Dが土地を法定相続分で相続すると、土地は共有となってその持分はBが2分の1、C、Dがそれぞれ4分の1ずつとなりますが、Bが自分だけの意思で自分の持分を第三者Zに売却することができるということです。なお、BCDの全員がその持分すべてをZに売却すると「共有者全員持分全部移転」という登記がなされることになります。

● 買戻特約の登記

甲区にはたまに「買戻し」という登記がなされていることがあります。**買戻し**とは、売買契約をするときに将来売主が買主に対して代金と契約にかかった費用を返還することによって契約を解除し、不動産を取り戻すことができるという制度です。買戻しの登記がなされていると、たとえ買主が他の第三者に不動産を転売しても、売主は買戻しを主張して不動産を取り戻すことができます。これを買戻権の行使といいます。

買戻しの制度は、実際には多くの場合、借金を担保するために利用

されています。たとえば、土地を所有しているAがBからお金を借りる際、担保としてその土地をいったんBに売買の形で引き渡します。そのときに、売買契約と同時に買戻しの特約も結んで登記もします。そして、期限までに借金（Bから売買代金として受け取っていた金）と契約にかかった費用を返すことができれば、買戻権を行使して土地を取り返すことができます。逆に、借金を返せなければそのまま土地はBのものになってしまうわけです。

　権利が不安定になることを防ぐため、買戻しの期間は長くても10年を超えることができません。仮に契約時に10年より長い期間を定めたとしても10年となります。買戻しについて期間を定めなかったときは、元々の所有者（上記の例だとA）は5年以内に買戻しをしなければなりません。

● 差押登記

　たとえば、他人から借金をしている人が、そのたった1つの財産である不動産を第三者に譲ってしまったりしたら、債権者は借金が期限までに返済されない場合に不動産を目当てに債権を回収できなくなってしまいます。そこでこのような場合には、債権者は判決や公正証書（法務大臣によって任命された公証人が作成した文書で、記載された内容を公に証明するもの）をもとに、裁判所に申し立てて、将来不動産を競売してその配当から債権の回収をする準備として、不動産を差し押さえることができるようになっています。

　そして、差押があったことを誰もが知ることができるように、裁判所の嘱託によって「差押登記」が行われます。この差押登記がある不動産については、取引関係に入らない方がよいでしょう。

● 所有権更正登記

　登記された所有権の登記の一部が初めから間違っている場合になさ

れるのが、所有権更正登記です。「一部が初めから間違っている」ということは、たとえば、相続人AとBが遺産分割協議の結果Aが3分の1、Bが3分の2の割合で不動産の所有権を相続することになったにもかかわらず、A2分の1、B2分の1で登記されてしまったというような場合です。

この場合は、AとBが共有者であるという部分は正しいのですが、それぞれの持分という一部分が間違っているために、持分をA3分の1、B3分の2に直す所有権更正登記をすることになります。

同様に、①本当はAが所有する不動産をB及びCに売ったのに、なぜか登記はBだけが所有者になっている場合、反対に、②実際にはAはBに不動産を売ったのに登記はBとCの共有になっている、といった場合にも所有権更正登記をします。前者①の場合には、Bが所有権をもっているという部分は正しいが、Cも所有権をもっているということが登記されていないために一部が間違っているのであり、後者②は、Bが所有権をもっているという部分は正しいものの、Cは所有権をもっていないのでその部分は誤りということになります。

なお、真実はAがBに不動産を売ったのに、C名義の登記がなされている場合、所有権更正の登記をすることはできません。この場合には「一部が間違っている」のではなく、「全部が間違っている」ととらえられるためです。このような場合には、C名義の所有権移転登記を抹消し、再度AからBへの所有権移転登記をすることになります。

■ 買戻権の行使

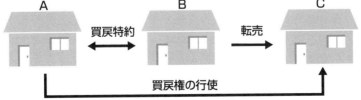

用益権の登記にはどんなものがあるのか

用益権は他人の物を利用できる権利である

● 乙区に登記される権利とは

　不動産は1つの財産ですが、高度成長期やバブル期の特殊な例を除いて、頻繁に売り買いされて所有権が移転するというよりも、むしろ、賃借権や地上権などの用益権が設定されて他人に使用されることによって財産としての役割を果たしていることが多いでしょう。

　用益権が設定されていて登記もなされていると、その不動産の所有権を手に入れても自由に使用することはできません。

　不動産取引に入る前には登記記録の乙区に担保権だけではなく、用益権が登記されていないかにも十分に注意してください。

● 賃借権の登記

　賃借権は一定の賃料を支払う代わりに、その不動産を利用することができる権利です。一般的には、土地の場合は家を建てて住んだり、建物の場合はその中で生活するために賃借します。また、事務所や店舗・作業場として使用する場合もあります。

　ただ、賃借権は本来「債権」であって契約を交わした当事者の間でしか主張することができないものです。原則としては、賃借権が設定されている不動産を購入すると新しい所有者は賃借人に立退きを請求することができます。しかし、それではそこで生活している賃借人にとって酷な結果となるので、賃借権が登記されていれば賃借人は立ち退かなくてもすむようになっています。

　さらに、注意したいのは賃借権の登記がなくても賃借人が立ち退かなくてすむことがある点です。土地の場合は、土地の賃借権そのもの

が登記されていなくても、土地の上に建てた賃借人の建物の登記があれば賃借人は保護されます。また、建物の場合には賃借人が引渡しを受けてさえいれば保護されることになっています。ですから、賃借権については、その土地上の建物の登記を調べたり、現地検分をして十分に調査しなければなりません。

① 賃借権設定の登記

賃借権設定の登記には、権利者（賃借人）、設定の目的、存続期間、借賃、賃料の支払期などが記録されています。

なお、賃借権設定の登記は賃貸人を登記義務者、賃借人を登記権利者として協力して申請しなければなりませんが、登記をするという特約がない限り賃貸人には登記手続に協力すべき法律的な義務はありません。

② 賃借権移転の登記

賃借権は不動産を利用することができる権利であって、それ自体の財産的な価値も高いといえます。ただ、所有権と同じように第三者に自由に譲って移転登記をすることはできません。

もっとも、賃貸人の承諾があれば第三者に譲渡し、賃貸人の承諾書を添付して賃借権移転の登記をすることができます。また賃貸人があらかじめ第三者への譲渡を許可しておき、その旨を登記することもできます。この登記がある場合には、賃借権移転の登記の申請の際に、賃貸人の承諾書は不要です。

③ 賃借権変更の登記

賃借権は人の生活の基盤になっているので、期限が来ても更新されることがしばしばあります。その場合は、新しい期限について変更の登記がなされます。また、期限に限らず契約内容に変更があるとその旨が登記されます。

④ 転貸の登記

賃借権の第三者への譲渡と同じように、第三者に転貸（また貸し）

されることもあります。転貸についても登記することができます。ただ、無断転貸は契約を解除される原因にもなりますので、賃貸人の承諾をもらう必要があります。また、あらかじめ賃貸人が転貸を許可している旨を登記することもできます。

⑤ **賃借権抹消の登記**

期間の満了、解除などによって賃貸借契約が終了すると賃借権はその役割を終えて消滅します。この場合には賃借権の抹消登記を申請します。

● 地役権の登記

地役権は一般的にあまり知られていない権利ですが、自分の土地をより有効に利用するために他人の土地を使用することができる権利です。たとえば、甲土地を所有するAが公道に出る広い道を確保するために、甲土地と公道の間にあるB所有の乙土地に通行のための地役権を設定してもらう場合がこれにあたります。この場合、甲土地を要役地、乙土地を承役地といいます。この他に、何かの工作物を設置したり、地下水を汲み上げたりするために設定されることもあります。

地役権は、承役地、要役地双方の登記記録に記録されます。

① **地役権設定の登記**

地役権は当事者の契約によって設定されます。登記記録には、地役権の設定目的と地役権が設定されている範囲などが記録されます。

② **地役権変更・抹消の登記**

地役権の内容に変更が生じたり、期間が満了して消滅した場合には、地役権の変更登記、抹消登記がなされます。

● 地上権の登記

地上権は賃借権と同じように他人の不動産を利用することができる権利です。賃借権と異なるところは、誰に対しても主張することがで

きて（ただし、登記をしなければ第三者に対抗できません）、自由に譲渡したり地上権自体に担保権を設定することができるところです。目的は工作物や竹木の所有に限られています。

① 地上権設定の登記

地上権は当事者間の設定契約によって設定されるのが原則です。地上権者、設定の原因、目的、存続期間、地代などが登記事項として記録されます。

② 地上権変更の登記

設定の登記によって記録された登記事項について変更が生じた場合には、変更の登記がなされます。

③ 地上権抹消の登記

地上権も期間の満了によって消滅すると、申請によって抹消登記がされることになります。

④ 区分地上権の登記

地上権の1つの特色として、土地の平面上だけではなくその上下にも設定できる点が挙げられます。たとえば、土地の上部に送電線を配置したり地下にケーブルなどを配置するためにその部分に限って地上権の設定を受けることができるのです。区分地上権についても通常の地上権と同じように、設定の登記、変更の登記、抹消の登記が行われます。

■ 地役権

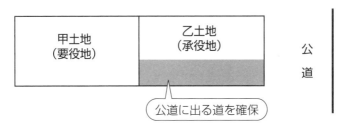

抵当権・根抵当権の登記にはどんなものがあるのか

担保権が実行されれば所有権を失うことになる

● 担保には人的担保と物的担保がある

　金銭の貸し借りをする場合、通常、お金を貸す側としては、借金の返済の代わりになるものを提供するように求めます。これを担保といいます。

　担保の種類の1つに人的担保があります。いわゆる「保証人」や「連帯保証人」がこれにあたります。

　一方、不動産や動産といった「物」を担保として提供し、借金が期限までに返済されない場合は、裁判所に申し立ててそれを競売にかけ、その代金から借金の返済を受けるのが物的担保です。特に提供される担保が不動産のように価値が高く、通常それほど価値が変動しない物であれば、人的担保に比べて債権者にとってより安心だといえるでしょう。そこで、抵当権、根抵当権、質権、先取特権など不動産に設定することのできるいくつかの担保権については、広く公示するために登記することが認められています。

　不動産を担保としている借金が返済されずに不動産が競売にかけられると、その不動産の所有権が買受人に移転してしまうことになります。登記記録に担保権の設定登記がある不動産についてはその点に十分注意してください。

● 抵当権はよく活用されている

　抵当権とは、貸金債権や売買代金請求権などの債権を担保するために、債務者（または第三者）の土地や建物に設定される権利です。

　債務者が債務を返済しない場合には、抵当権者（＝債権者）は、抵

当権設定者（＝債務者または第三者）の土地・建物を競売（不動産を差し押さえ、金銭に換え、その代金から債権を回収する民事執行法の手続きのこと）し、その売却代金から債権の回収を図ります。つまり、借主が、住宅購入の際に設定したローンを払えない場合、該当する不動産を担保として取り上げることのできる権利です。

抵当権を設定しても不動産の現状は変わらず、設定した所有者はその不動産を自分で利用したり第三者に賃貸して収益をあげることができます。さらに、不動産をそのまま第三者に譲渡してもかまいません。このように、抵当権には抵当権設定後も設定者が従来通りに目的物を使用・収益することができるという利点もあることから、不動産に設定される担保権の中で最も多く利用されています。

たとえば、AがBに5000万円の貸金債権を持っていたとします。これについて、B所有の土地や建物に抵当権を設定するには、AとBが抵当権設定契約を締結して、抵当権設定の登記（147、148ページ）をします。その結果、Aは5000万円を被担保債権とする抵当権をBに対してもつことになります。

この場合、Bが5000万円を弁済したのであれば、Aがもっていた抵当権は消滅します。

● 物上保証と共同抵当

抵当権の設定について物上保証と共同抵当があります。

① 物上保証

物上保証とは、債務者以外の第三者が所有する目的物に抵当権を設定することです。たとえば、前述したAがBに対して5000万円の貸金債権をもっている例で、借り手であるB所有の不動産に抵当権を設定するのではなく、第三者CがC所有の土地にAの抵当権を設定することもできます。

Cのように他人の債務を担保するために自己の不動産に抵当権を設

定させる者を物上保証人といいます。Bが貸金債務を弁済しない場合には、AはCの土地を競売して、その売却代金から自己の債権を回収することができます。

② **共同抵当**

共同抵当とは、1つの債権を担保するために複数の不動産に抵当権を設定することをいいます。債務者の1つの土地だけでは、債権額を担保するのに不十分な場合や、土地とその上の建物の両方に抵当権を設定する場合などに利用します。たとえば、AがBに5000万円の貸金債権をもっているとします。

このとき、Bが所有する甲地の評価額が3000万円で、乙地の評価額が2000万円だとすれば、甲地・乙地は単独では債権の担保として金額が不足しています。

しかし、甲地と乙地とに「共同抵当権」を設定すれば、あわせて5000万円の評価額となり、被担保債権を担保するのに十分な金額になります。このような共同抵当権では、Bが貸金債務を返済しない場合には、Aは甲地と乙地の両方を競売することができます。ただ、共同抵当権は登記上明示しておく必要があります。

● 抵当権の登記にもいろいろある

抵当権の登記には、設定の登記、移転の登記、処分の登記といったものがあります。

・**抵当権設定の登記**

抵当権は当事者間の契約によって設定されます。仮に、債権者Aと債務者Bとの間でB所有の建物について抵当権設定契約が結ばれたとして、たとえそれが登記されなくても抵当権は有効に成立します。しかし、その後に建物がCに売却されて所有権移転の登記もされてしまうと、AはCに対して抵当権があることを主張する(対抗する)ことはできません。ですから、抵当権の登記は必ずしておかなければなら

ないのです。

抵当権設定の登記では、原因、債権の金額、利息、損害金、債務者、抵当権者などが登記事項として記録されます。

・抵当権移転の登記

抵当権は、担保される債権が存在してはじめて成立し、担保されている債権が移転すればそれに伴って担保権である抵当権も当然に移転することになります。前の例で、AのBに対する債権がAからDに譲られて、債権者がD、債務者がBになったとします。すると、AのBに対する抵当権もDに移転して今度は抵当権者がDとなるわけです。抵当権が移転した場合、抵当権移転の登記をすることになります。

・抵当権処分の登記

抵当権は、それ自体が財産として高い価値をもっていますから、抵当権自体を1つの財産として処分する方法がいくつか認められています。抵当権の順位を変更したり、抵当権そのものに対してさらに抵当権を設定（これを転抵当といいます）する処分です。

順位変更とは、1つの不動産に抵当権などの担保権が複数つけられている場合に、各担保権者の合意によってその順位を変更することです。

■ **抵当権** ……………………………………………………………

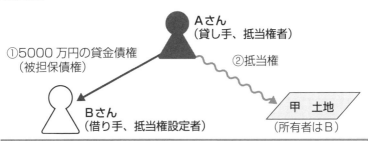

たとえば、1番でAの抵当権の登記が、2番でBの根抵当権の登記がされている場合に、BがAにお金を支払うことで1番と2番の順位を入れ替える、というように利用されます。順位変更はその登記をしなければ効力を生じません。

　転抵当とは、たとえば、Bの建物に抵当権の設定を受けているAが、自分の債権者であるHのために抵当権をさらに設定する場合です。建物に設定されている抵当権が実行されて競売が行われると、HはAに優先して配当を受けることになります。

　この他、抵当権だけを譲渡・放棄したり、抵当権の順位を譲渡・放棄するといった処分も認められています。

● 根抵当権の登記は他の登記とはちょっと違う

　抵当権は非常に有効な担保権であって、不動産のもつ価値を最大限に引き出す効果をもっています。ただ、あくまでも特定の債権を担保するものであって、債務が完済されると役割を終えて消滅します。同じ当事者の間で再び貸し借りがあった場合、別に抵当権を設定し直さなければなりません。そのため、企業と金融機関の間で継続して行われる融資を担保したり、企業同士の間で継続して行われる取引から生じる債権を担保する場合に、いちいち設定のための手続をし直さなければならないという不便が生じます。

　そこで、継続して債権・債務の関係がある当事者のために設けられているのが**根抵当権**という制度です。根抵当権は、特定当事者の間で生じる一定の範囲内の債権を担保するもので、1つの債権が返済されても抵当権と異なり消滅しません。さらに、根抵当権が設定される前に発生したか、後に発生したかを問わず、あらかじめ決められた範囲内の債権であれば担保されます。ただ、当事者の間で生じる債権を無限にいつまでも担保するわけではありません。極度額といって担保される金額の最高限度額は決まっています。また、あらかじめ元本確定

期日という日を決めておき、その日が到来して元本が確定したり、一定の事実が発生して元本が確定した場合などには、その時に存在する債権に限って根抵当権によって担保されます。

根抵当権は、このように特色のある担保権なので、他の登記と違う独特の登記事項が記録されます。

① 根抵当権設定の登記

根抵当権は長期にわたって継続的に設定され続けるものであり、しかも、根抵当権者にとってかなり有利な担保権です。後からその不動産に抵当権・根抵当権などの担保権あるいは賃借権などの利用権を設定してもらおうとする人にとっても、すでに設定されている根抵当権の存在と内容はかなり気になるところといえます。そのため、根抵当権の登記では極度額、債権の範囲が根抵当権者や債務者と並んで登記事項とされています。また、元本確定期日を登記することもできます。

② 根抵当権変更の登記

通常の抵当権の場合と同様に根抵当権の内容に変更が生じると、変更の登記がなされます。設定後に、担保される債権の範囲、極度額、元本の確定期日などに変更が生じるとその記録がなされます。

③ 根抵当権移転の登記

■ 根抵当権

①一定の範囲の不特定な債権
（たとえば継続的な取引による売掛債権）

A社

②根抵当権
（極度額の限度で①の債権をすべて担保する）

B社

甲 土地
（所有者はB社）

抵当権の場合は、その被担保債権が移転しなければ抵当権は移転しませんが、元本確定前の根抵当権の場合は、被担保債権とは関係なく根抵当権を第三者に譲渡して、その移転の登記をすることができます。根抵当権の全部を譲渡することも、根抵当権を2つに分割してその一方を第三者に譲渡することも、根抵当権の一部を譲渡することもできますが、いずれの場合にも設定者の承諾が必要です。
　また、根抵当権者に相続が発生した場合は、相続人は単独で相続による根抵当権移転の登記をすることができ、この場合には設定者の承諾は不要です。

④　元本確定の登記

　根抵当権が通常の抵当権と一番異なるところは、当事者間で発生したり消滅する一定範囲内の流動的な債権を継続して担保するという点です。ただ、根抵当権者による元本の確定請求など一定の事実が起こった場合には元本が確定し、そのことが登記簿上明らかでない場合には元本確定の登記がなされます。担保される債権が決まると、その後は通常の抵当権とあまり変わりのない担保権となります。

⑤　根抵当権処分の登記

　根抵当権もそれ自体の価値は非常に高いので、通常の抵当権のように各種の処分をすることができます。ただ、根抵当権の性質の特殊性から、処分が制限されています。たとえば、根抵当権の順位変更や転根抵当は、通常の抵当権と同じように自由にできますが、根抵当権だけの譲渡・放棄や根抵当権の順位の譲渡・放棄などは、元本確定の前には認められません。なお、ここでいう「根抵当権のみの譲渡」と上記の根抵当権移転の登記で解説した根抵当権の譲渡とは別物ですので注意してください。

⑥　根抵当権抹消の登記

　根抵当権も通常の抵当権と同様に消滅すれば抹消登記がなされます。

仮登記について知っておこう

とりあえず登記の順番を確保する

● 仮登記の効力

　これまで登記についていろいろと説明してきましたが、それは通常の登記についてでした。通常の登記は一般には**本登記**と呼ばれます。本登記にはさまざまな効力がありますが、その中でも最も重要な効力は対抗力です。私人と私人の間で取引があり、そのために不動産に関する権利関係に変動が生じても、それを主張することができるのは原則として当事者の間だけです。しかし、その変動を登記しておけば、広く第三者に対してもその権利関係の変動を主張することができます。このことを「対抗することができる」といい、登記のもつこのような効力を「対抗力」というわけです。

　典型的な例ですと、土地の所有者AがBと売買契約を結んで、その後にAがCにもその土地を売却してしまったとします。まだ、所有権の登記名義がAのままだと、BもCもお互いにAから所有権を譲られたことを主張（対抗）することはできません。土地の所有権を対抗できるのは、先にAから所有権移転の登記を受けた者です。

　このことは抵当権などの担保権や賃借権などの用益権を登記する場合にもあてはまります。結局、登記の世界では先に登記された方が優先するのが原則なのです。そのため、不動産登記を申請する人は、対象となる不動産について他の誰よりも先に登記をしようとするのです。

　ただ、場合によってはどうしてもすぐに登記を申請することができないこともあります。登記申請に添付すべき情報がそろわない場合や契約上の条件がまだ満たされず、当事者の間でも所有権が移転していないという状態もあり得ます。このように手続的または実体的に登記

を申請するための要件が整っていないと、登記の順番を少しでも早くしようと心を砕いていても実際の申請はできません。

　そこで、登記法ではそのような場合でもとりあえず順番だけは確保しておくことができるように**仮登記**という制度を設けました。入手の困難なコンサートのチケットを買おうと並んでいる時に、順番を整理するために整理券が配られる場合をイメージしてもらえればよいと思います。

　仮登記の申請がなされると登記記録にその記録がなされます。そして、その後に手続的または実体的に不足していた要件が整った時点で本登記に改める申請をすると、登記記録の仮登記が本登記に改められます。この時、仮登記の申請がなされた時の順番が確保されていて、仮登記の後に誰かが権利の登記をしていたとしても、その人に優先することができます。たとえば、Aが所有する土地を条件つきでBに売買してその仮登記がなされた後に、AがCにも同じ土地を売却してその本登記がなされたとします。その後に、AB間の条件が整ったために仮登記を本登記にする申請がなされると、本登記はCの方が先でもBの順番が確保されているため、Bは土地の所有権をCに主張（対抗）することができるわけです。ただ、仮登記それ自体には対抗力は認められていません。この例ですと、Bの仮登記が本登記に改められるまでは、Cの本登記に対抗力があることになります。Aが土地をさらにDに売却した場合、Bの登記が仮登記である間はDに対して土地の所有権を主張（対抗）できるのはCということになるのです。

● 仮登記を本登記にするとき

　仮登記してある権利について手続的・実体的な条件が整うと本登記に改めるための申請ができます。申請の手続はおおむね本登記の申請の場合と同様ですが、登記の原因は仮登記の原因に対応していなければなりません。なお、仮登記の申請に際して気をつけるべき点は、仮

登記から本登記に改められることによって不利益を受ける人がいる場合、その人の実印を押した「承諾書」と「印鑑証明書」を添付しなければならないということです（書面申請の場合）。

仮登記が本登記に改められると、その本登記とは相容れない仮登記の後の登記は抹消されます。前述した例でいうと、BがAとの売買による所有権移転の仮登記を本登記に改めると、Cの本登記は登記官によって抹消されます。B名義の所有権移転登記とC名義の所有権移転登記が矛盾するからです。ですから、この場合はCが不利益を受ける者であって、仮登記を本登記に改めるための申請をするときには、Cの承諾書と印鑑証明書を添付することになります。Cの承諾が得られない場合には、Cに勝訴した裁判の謄本を添付することになります。

● **仮登記を抹消するとき**

仮登記は、手続的または実体的な条件が整うまでの順位を確保しておくためのものです。逆に言うと、結果的に条件が整わないことになったら、意味をなさないので抹消されることになります。

抹消の申請は一般の登記申請の場合と同じように行います。登記の目的として、申請書に仮登記の抹消であることを明らかにしつつ、抹消すべき仮登記を特定するために仮登記の順位番号を記入するか、そ

■ **仮登記の効力**

仮登記
- 対抗力なし
  → 第三者に権利を主張できない
- 順位を保全する効力
  → 仮登記をした時点にさかのぼって優先順位を確保できる

の仮登記の受付年月日・番号を記入するようにします。「登記権利者」は仮登記の抹消によって利益を受ける者で、「登記義務者」は仮登記の抹消によって不利益を受ける者です。

なお、仮登記の後に本登記をした者がいる場合に、条件を満たさないことが確実な仮登記が残っていることは、その後の不動産取引の障害になる可能性があります。前の例ですと、Bの仮登記が将来にわたって条件を満たさないことが確実なのにそのまま登記記録に残っていると、本登記の名義人であるCがDに土地の売買をもちかけてもDは仮登記があるので警戒して売買に応じてくれない可能性があります。

このような場合のために、仮登記に関して利害関係をもつ人が単独で仮登記の抹消の申請をすることが認められています。Cや仮登記の後に抵当権の設定を受けた者などは、抹消の申請を単独でできるのです。ただ、この申請では、仮登記の名義人（B）の承諾書と印鑑証明書の添付が必要になります。

● 仮登記担保とは

期限までに借金を弁済できない場合に備えて、あらかじめ不動産で代わりに弁済することを契約しておく場合があります。これを**停止条件付代物弁済契約**または**代物弁済の予約契約**といいます。この契約を仮登記しておけば、期限が来たのに借金が返済されない場合に本登記に改めることによって債権者は不動産を手に入れることができます。

これを**仮登記担保**といって登記記録の甲区に記録されますが、実質的には乙区に記録される抵当権と同じように担保権の役割を果たしています。仮登記担保は債権者にとって有利なものなので、債務者に必要以上の負担を与えないように「仮登記担保契約に関する法律」によって規制されています。一見したところ仮登記担保と通常の仮登記とは登記記録上は同じように見えるので注意してください。

第3章

登記申請手続き

登記申請の基本的なルールを知っておこう

間違いのない登記をするための原則である

● 登記を申請するには

　登記申請の手続きにおいては、正確な事務処理を行うために不動産登記法によって、申請主義、共同申請主義、書面主義（オンライン申請による場合を除く）、という原則が定められています。
　細かく言えばこれら以外にも登記申請に関するさまざまなルールがありますが、ここでは大まかな基本的ルールについて説明しておきます。

① 申請主義

　所有権などの権利の登記は、当事者（またはその代理人）による申請もしくは官庁などによる嘱託（依頼）がなければ行うことができません。これを申請主義の原則といいます。登記が必要になる権利は、元来私的なものであり、強制されて行うものではない、という考え方に基づく原則です。ただ、これは本人がよければ登記しなくてもよい、ということではありません。建物の表示の登記など一部の登記の申請は義務とされており、申請を怠った場合の罰則規定もあります。
　申請主義の例外として、登記官が誤った登記をした場合の更正登記など、登記官の職権による登記が認められることもあります。

② 共同申請主義

　共同申請主義というと難しく聞こえますが、要するに「登記の申請は当事者がいっしょにやろう」という考え方のことです。
　登記を申請する当事者とは、登記によって利益を受ける登記権利者と不利益を受ける登記義務者（不動産売買による所有権移転登記を例にとると不動産を購入して新しく所有者になる人が登記権利者、売却して所有権を手放す人が登記義務者にあたります）の双方を指します。

申請の際には、登記権利者と義務者が共同して登記を行うことが義務付けられています。これを共同申請主義といいます。法務局は、申請を書面で確認するだけで、当事者の一方が虚偽の申請をしてもそれを判別することは難しいので、権利者と義務者双方を手続きに関与させることによって虚偽の申請を防止することを目的としています。

もっとも、当事者双方が実際に法務局に出向かなくても、双方から委任を受けた代理人（司法書士など）によって申請手続きが行われれば、共同申請主義の要請は満たされます。

共同申請主義によると、登記義務者が申請に協力しない場合には、登記ができないということになりそうです。しかし、それでは登記権利者に不都合が生じます。この場合、訴訟を起こして判決を出してもらうと、権利者単独でも登記できるようになります。この他、登記名義人の表示変更登記や所有権保存の登記、相続による移転登記などは、例外として単独申請が認められています。

● 書面主義

オンライン以外の方法で申請する場合、登記の申請は、必ず申請書によって行うこととされています。これを書面主義といいます。申請する当事者を登記官が目で見て確認することにより、内容もれや勘違いを減らし、事務処理を正確かつ迅速に行うためです。

■ 登記申請のルール

登記申請	❶ 申請主義	当事者の申請または官庁などの嘱託がなければ登記はできない
	❷ 共同申請主義	登記権利者と登記義務者が共同で申請しなければならない

※申請主義、共同申請主義の他、「オンライン以外の方法で申請する場合、登記の申請は必ず申請書によって行う」という書面主義の原則もある

単独でできる申請もある

共同申請主義には例外がある

● どのような場合に単独申請できるのか

　登記申請は登記権利者と登記義務者の共同で行わなければならないという共同申請主義は、虚偽の申請を防止するためにとられている原則です。しかし、共同申請の必要がない場合や、そもそも共同申請の不可能な場合があり、そのような場合には例外的に登記権利者が単独で申請することが認められています。具体的に見ていきましょう。

● 所有権保存の登記

　登記義務者がいなかったり、共同で申請する必要がない場合には、例外的に単独で申請できる場合があります。

　売買などと異なって建物の新築をすることによって建物所有権を手に入れる場合は、当事者が2人いるわけではありません。そのため、所有権保存の登記は単独で申請することができます。

　また、区分所有建物（分譲マンション）の所有権を表題部の所有者から直接に譲渡される場合も単独で所有権保存登記をすることができます。

● 登記名義人の住所（氏名）変更・更正登記

　引越しや結婚によって登記名義人の住所や氏名が変更されたり、もともと誤った記録がなされたりしている場合があります。これらの場合は、登記によって不利益を受ける者がいるわけではありませんし、正確な住所や氏名の証明は比較的簡単です。そのため、登記名義人の住所（氏名）変更・更正登記の申請は単独ですることができます。

● 相続による登記

　相続が発生すると、死亡した被相続人に属していた財産が妻や子といった相続人に承継されることになります。この場合、登記義務者はすでに死亡していますし、相続の事実は戸籍謄本を添付して容易に証明されるので、単独で申請できます。

● 会社などの法人の合併があったときの登記

　相続の場合と同様、会社などの法人が合併すると、法人が所有している財産はそのまま合併後に残る法人、あるいは合併の際に新設された法人に引き継がれます。この場合も、もともとの所有者で登記義務者になるべき法人はすでに消滅しており、合併の事実は法人の登記事項証明書で容易に証明できますから、単独での登記申請が可能です。

● 判決による登記

　AからBに売買を原因とした所有権移転の登記がなされた後に、AがBの詐欺にあったとして所有権移転登記抹消登記手続請求訴訟を提起する場合があります。訴訟において、A勝訴の判決が下ると、その判決に従って所有権移転登記の抹消登記がなされることになります。この場合には判決の確定によって登記義務者が登記申請の意思を表示したとみなされるので、登記権利者が単独で申請できます。

● その他の登記

　もともと手続的または実体的な条件が整わない場合に申請される仮登記では、対抗力をもたないことからあまり厳格さは要求されず、単独での申請が許されています。

　また、表示の登記も登記義務者はいないので、単独で申請することになります。

登録免許税について知っておこう

登記の種類によって税額が異なる

● 登録免許税とは

　登記にかかる費用として、まず、登録免許税があります。**登録免許税**とは、登記の際に納付しなければならない税金です。登記を申請する当事者は、登記によって所有権などの財産権を保護してもらえるという利益を受けることになりますから、その利益に対して課税されるわけです。

　登録免許税の金額は、登記の種類によって異なります。たとえば、所有権保存登記の場合は、課税価格の1000分の4の額が登録免許税の金額になります。所有権移転登記の場合は、登記原因によってさらに区別されます。たとえば、売買による所有権移転の場合の登録免許税は不動産価格の1000分の20ですが、相続による所有権移転の場合は不動産価格の1000分の4になります（登録免許税には軽減処置などがあるので、申請前に管轄法務局で確認しておきましょう）。

　なお、土地の分筆・合筆登記および建物の分割・合併・区分登記を除く表示に関する登記については、登録免許税は不要です。

● 登録免許税の納め方

　書面申請の場合、登録免許税は、現金納付が原則です。この場合、所定の納付書を使って日本銀行本支店、代理店または郵便局で納付し、受け取った領収証書を申請書または台紙に貼付して提出します。

　ただ、以下の場合には例外的に領収書に代えて、収入印紙を台紙に直接貼付することで納付できます。

・登録免許税の金額が3万円以下のとき

・登録免許税額のうち3万円未満の端数部分を納付するとき
・法務局付近に現金納付取扱機関がなく、法務局または地方法務局の長が収入印紙納付を認めて、そのことが法務局に公示されているとき
　オンライン申請の場合には、歳入金電子納付システムを使って、オンラインで登録免許税を納付する他、現金納付の領収証書または収入印紙を管轄法務局に持って行くか、送付する方法で納めることができます。
　収入印紙で納付してもかまわないかどうか、登録免許税額を明らかにして、事前に管轄法務局に問い合わせるとよいでしょう。

■ 登録免許税の特例

土地の売買等に係る登録免許税の特例	土地の売買による所有権移転登記	1000分の20 ↓ 1000分の15	
	土地の所有権の信託の登記	1000分の4 ↓ 1000分の3	
住宅に係る登録免許税の優遇措置	住宅用家屋の所有権の保存の登記	1000分の4 ↓ 1000分の1.5	①自己居住用の住宅であること　②取得後（保存の場合は新築または取得後1年以内に登記されたもの）　③建物の床面積が、登記簿上50㎡以上であること　④建物が、鉄筋コンクリートで25年以内、木造で20年以内であること等一定の要件を満たした場合で、市区町村長発行の住宅用家屋証明書を添付すれば登録免許税の軽減が受けられる。
	住宅用家屋の所有権の移転の登記（登記原因が売買の場合）	1000分の20 ↓ 1000分の3	
	住宅取得資金の貸付け等に係る抵当権の設定の登記	1000分の4 ↓ 1000分の1	

※上記の特例は平成29年3月31日まで適用される

登記申請はどのように行うのか

郵送で申請することもできる

● 登記は自分でもできる

　登記手続きはそれほど難しいものではなく、自分でできるものもあります。法務局には相談窓口もありますから、相談して作成することもできます。登記は、書類を提出すると法務局で審査されます。不備がなければ手続きは１回で終わりますし、間違いがあっても補正で対応できるものであれば、そのまま手続きを進めることができます。一般的な登記であれば、経験のない人でも比較的スムーズに進められるでしょう。自分で登記することによって、得られるものも多くあります。まず、当然のことですが、司法書士などの専門家に頼むことによって発生する報酬などの費用を節約することができます。また、依頼した専門家とうまく連絡がとれなかったり、気が合わないなどの問題があって、自分が思っているように手続きが進まないという事態を回避することができます。

　次に、登記に関する手続きを知ることによって、登記制度が守っている権利について深く知ることができます。登記の知識を得ておくと、その後不動産についての何らかのトラブルが起こったり、新たな不動産取引を行うことになっても、あわてずに自分の権利を安全に確保する方法を考えられますから、知っておいて損はないはずです。

● オンライン申請と書面申請

　登記の申請方法には、オンライン申請と書面申請の２種類があります。**オンライン申請**とは、申請人（または代理人）が申請情報や添付情報をインターネットによって法務局に送信する方法です。登記・供

託オンライン申請システム（127ページ）を利用して不動産登記の申請をすることができます。**書面申請**とは、申請情報を記載した書面（申請情報を記録した磁気ディスクを含む）に、添付情報を記載した書面（添付情報を記録した磁気ディスクを含む）を添付して法務局に提出する方法です。

オンライン申請は、ソフトのダウンロードや登録など手続きが複雑なため、一般の方々には書面申請の方がなじみやすいと思われることから、本書では、書面申請による場合を中心に解説します。

● 書面による登記申請の流れ

通常、売買契約や抵当権設定契約などによって、登記すべき法律上の権利関係が生じます。書面申請の場合、登記の手続きは、申請書を作成することから始まります。それと同時に、申請書に添付すべき書類（添付書類）を一通り用意しておきます。登録免許税は法務局指定の金融機関に現金で納付し、その領収書を登記申請書に添付するか、または収入印紙を登記申請書（または印紙などを貼り付けるための台紙）に貼付して納付します。そして、いよいよ不動産を管轄する法務局に登記申請書を提出します。郵送による申請も認められます。

その後、補正日（完了日）に法務局に行き、その上で無事登記が完了していれば、登記識別情報を受領します。

ただ、申請人があらかじめ登記識別情報の通知を希望しない旨を申し出ていた場合には、通知されません。また、登記が完了した旨を記載した書面（登記完了証）が交付されます。

同時に登記が正確に記録されていることを確認するために登記事項証明書を取得します。

● オンライン申請の流れ

オンラインによって登記申請する場合、申請人またはその代理人は、

まず登記・供託オンライン申請システムにアクセスして、申請者ID、パスワードを取得します。その上で、申請情報作成のための様式を取得し、所定の欄に必要事項を入力していきます。作成した申請情報は、添付情報とともにインターネットによって法務局に送信します。その際、申請情報、添付情報には、電子署名をする必要があります。ただし、半ライン申請（129ページ）という方式もあります。

法務局での審査を経て、不備がなければ申請が受理され、登記記録に記録されます。不備がある場合には、補正を行います。オンライン申請による場合、補正もオンラインの方法で行わなければなりません。

● 表示に関する登記は土地家屋調査士に頼む

表示に関する登記（27ページ）は、測量に関する専門知識と技術が必要なため、専門家である土地家屋調査士に依頼するのが無難です。特に分筆（一筆の土地をいくつかに分けること）や地積更正（土地の面積を訂正すること）には測量や境界確認が必要になるので土地家屋調査士に支払う報酬は相当なものになります。また、以前に測量した図面によって分筆登記を行う場合でも、念のため再度の測量と境界確認をするため、それなりの費用がかかります。

一般的に、建物については、土地と比較して専門的で緻密な測量が要求されないので、報酬は比較的低額ですみます。ただ、書類に不備があったり、関係官庁や登記官の調査に土地家屋調査士が立ち会わなければならない場合は費用が上乗せされます。一方、建物の滅失の登記（取壊しや火災などで建物がなくなった場合に行う登記）などは専門的な技術が要求されないので、自分でも行いやすいでしょう。

● 登記申請は管轄法務局で行う

登記の申請は法務局にします。法務局は全国のいたるところにありますが、どこでも登記申請が自由にできるわけではなく、自分が登記

申請しようとしている不動産を管轄する法務局に申請しなければなりません。管轄法務局については、不動産の登記識別情報や登記済証（権利証）に記載されています。法務局の統廃合がなされていることもあるので、法務局に行く前に問い合わせておくとよいでしょう。

法務局は通常午前8時30分から午後5時15分まで開いていますが、登記申請に慣れていないと思わぬことで時間をとられることがあるので、時間については余裕を持って行くようにしましょう。

法務局で申請書や添付書類を提出する前に、記載もれ、添付もれがないかどうかもう一度確認しましょう。

● 登記申請したことを証明してほしいとき

登記申請の手続きをとったことを証明する文書が前もって必要な場合、登記が完了するまでの間であれば「受領証」の交付を請求することができます。登記申請と同時に受領証交付請求をする場合は、受領証に申請書に記載されたものと同じ内容を記載した上で、申請書といっしょに受付に提出します。その際に、受付係に受領証の交付を希望することを伝えると、受領印を押した受領証を交付してもらえます。

■ 登記手続の流れ

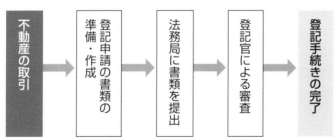

不動産の取引 → 登記申請の書類の準備・作成 → 法務局に書類を提出 → 登記官による審査 → 登記手続きの完了

第3章　登記申請手続き

5 申請書を作成する

書き方や訂正方法について知っておく

● 申請書はＡ４判の用紙を使うとよい

　書類申請における登記申請書については、正確な記述が要求されます。形式面つまり書き方や様式については、法令などによる特別な決まりはありません。ただ、実務上はＡ４の用紙を使用しています。また、長期間の保存に耐えられるように、丈夫な紙（上質紙など）を使用します。

　郵送により申請する場合には、申請書を入れた封筒の表面に「不動産登記申請書在中」と記載して送付します。

● 筆記用具はどんなものを使うのか

　筆記用具は、黒色インク、黒色ボールペンまたはカーボン紙等（摩擦などによって消えるものではないもの）を使用します。

　なお、最近ではコンピュータを利用している人が多くなりましたが、パソコンのワープロソフトを使用して申請書に記載してもかまいません。実際、司法書士などの専門家のほとんどはコンピュータを使って申請書を作成しています。

● 正確な記載を心がける

　書面申請がなされた場合、登記官には申請書に記載された内容が真実であるかどうかを調べる権限がありません。申請人が希望する登記の内容は申請書とその添付書類（添付情報を記載した書面）によって登記官に伝達され、その記載内容のとおりに登記記録に記録されます。

　したがって、申請書の内容が誤っていたり、添付書類に不足がある

と法務局で受理してもらえず却下されたり、仮に受理されても誤ったままの内容で登記がなされてしまいます。ですから、申請書には登記官に正しく登記内容が伝わるように、正確な記載がなされなければならないのです。

◉ 申請書にはどんなことを記載するのか

　法務局では受け付けた申請書の内容どおりに登記記録への記録がなされます。ですから、申請書に記載する内容は、登記をするために必要な事項ということになります。

　登記にはさまざまな種類があるので、記載事項もその登記によって異なります。ただ、一般的な記載事項としては、次のようなものがあります。

① 登記の目的

　売買で所有権を取得した場合の「所有権移転」や債務を担保するために抵当権を設定した場合の「抵当権設定」のように、登記をする目的を記載します。

② 登記の原因

　相続、贈与、売買、弁済といったように登記をする原因となった法律行為または事実を記載します。原因が生じた年月日も記載します。

③ 申請人

　登記を申請する人の住所、氏名（法人の場合は本店所在地と商号、代表者の資格及び氏名）を記載します。申請人自身で申請するときは、氏名の下に押印することを忘れないでください。

④ 添付書類

　添付書類の名称を記載します。

⑤ 申請日

　登記申請の年月日を記載します。

⑥ 法務局

申請書を提出する管轄法務局の名称を記載します。

⑦　代理人

本人ではなく司法書士などの代理人が登記申請を行うときは、その代理人の住所と氏名を記載し、氏名の下に代理人が押印します。この場合、申請人の押印は必要ありません。

⑧　課税価格

不動産の価格（固定資産税評価額）や抵当権の債権額などを基準として登録免許税を計算する場合に記載します。1000円未満は切り捨てます。最低金額は1000円です。

⑨　登録免許税

課税価格を基準として登録免許税の額を計算し、金額を記載します。100円未満は切り捨てます。最低金額は1000円です。

⑩　不動産の表示

登記の対象となる不動産を記載します。

土地の場合は「所在、地番、地目、地積」で特定します。建物の場合、一戸建ては「所在、家屋番号、種類、構造、床面積」、マンションなどの区分所有建物は、「一棟の建物の所在、構造、床面積（または建物の番号）、専有部分の建物の家屋番号、種類、構造、床面積」によってそれぞれ特定します。

● 書き損じの訂正方法と数字の書き方

法務局では登記申請書の内容に従って、忠実に登記簿に記録します。ですから、申請書を書くときは、誰かに加筆や修正などの改ざんがなされないように注意しなければなりません。

申請書作成中に書き損じが生じた場合は、修正液を使用したり塗りつぶすといった方法で修正することはできません。修正する場合は修正部分に2本線を引き、上部の欄外に「○字訂正」または「○字削除、○字加入」と記入してそこに押印します。

また、地番や金額、登記申請年月日などを記入する際には、算用数字を使用してかまいません。

◉ 申請書のとじ方

　登記申請書の作成が完了し、必要な添付書類の用意ができたら、これらがバラバラにならないように、左綴じにして提出します。法務局に保存され、申請人に返還されない書類はホチキスで綴じますが、登記手続き完了後に申請人に還付される書類はクリップでとめます。

　登録免許税の納付証明の扱いについては少し配慮がいります。登録免許税の納付方法は、①現金で納付して領収書を受け取り、この領収書をＡ４の台紙に貼り付けるか、②収入印紙を台紙に貼りつけることによって納付します。そして、申請書と台紙に契印（綴り目に印を押すこと）します。

　申請書に続けて、添付書類をとじます。法令上、綴る順番が厳格に定まっているわけではありませんが、一般的には、登記権利者関係の添付書類、登記義務者関係の書類という順番に綴っているようです。売買による所有権移転登記の場合を例にとると、登記権利者の住所証明書、委任状、登記義務者の印鑑証明書、委任状、固定資産税評価証明書といった順にとじられます。

■ 申請書の訂正方法

訂正する場合	削除する場合	加入する場合
3字訂正㊞ 新宿区大久保1丁目 　　北新宿	1字削除㊞ 新宿区大大久保	1字加入㊞ 新宿区新宿 　　　北

● 2件以上の申請書をまとめて出す場合

　たとえば、売主Aと買主Bの間で土地売買が行われた場合で、Aが自分名義の登記をした後に住所を移転していたにもかかわらず、登記記録上の住所が以前の住所のままであるときは、所有権移転登記をする前にAについて所有権登記名義人住所変更登記を申請しなければなりません。このような場合、Aの所有権登記名義人住所変更の登記申請を前件とし、AB間の売買を原因とする所有権移転登記申請を後件として、2件の登記申請を同時にすることになります。これを**連件申請**といいます。

　この場合、まず、2件の申請の順番を確認した上で、各申請書の上部余白部分に前件の申請書であれば「1/2」、後件の申請書であれば「2/2」と記載します（次ページ図参照）。3件の場合は「1/3」「2/3」「3/3」と記載します。

■ 申請書の綴じ方（一般的な共同申請の場合）

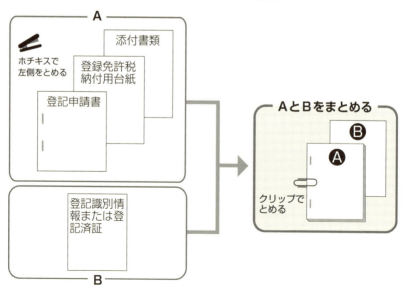

次に、連件申請する場合に添付書類が共通して使用できるときは、それぞれの申請書に書類を添付するのではなく、添付書類1通をいずれかの申請書に添付して、他の申請書にはその旨を記載します。前述の例でいえば、たとえばAの委任状を後件の申請書に添付した場合、前件の所有権登記名義人住所変更登記申請書の代理権限証書のところに「一部後件添付」と記載し、前件の申請書に添付した場合は、後件の所有権移転登記申請書に「一部前件添付」と記載します。

■ 2件の登記を同時申請する場合

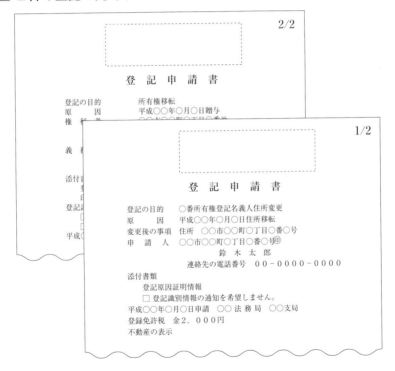

6 添付書類・添付情報にはどんなものがあるのか

オンライン申請では電子化された情報を提供する

● 添付情報とは

　登記申請をする場合、申請書と共に**添付情報**を提供しなければなりません。オンライン申請の場合は、申請情報と共に電子的データとしての添付情報を送信します。書面申請の場合は、添付情報を記載（記録）した書面または磁気ディスクを提供することになります。

　なお、オンライン申請でも、電子化されていない情報については、書面によって郵送または持参することにより、添付情報を提供することが認められています。

　登記の種類によっても異なりますが、以下で書面申請の場合の基本的な添付情報を見ていきましょう。

● 登記原因証明情報とは

　登記原因証明情報は、登記の原因となる法律行為や事実が真に発生したことを証明する情報のことです。

　オンライン申請または書面申請かを問わず、登記原因証明情報の提供は必須とされています。ただし、所有権保存の登記など、登記原因の存在しない一部の登記の申請では、登記原因証明情報を提供する必要はありません。登記原因証明情報を必ず提供しなければならないとされている理由のひとつとして、登記の原因となる事実や法律行為について記載された書面を提出させることによって、登記官が、真に登記すべき原因が発生したか否かを審査する際の大きな資料とする、という点があります。

● 登記原因証明情報の具体例

では、どのようなものが登記原因証明情報となるのか、書面申請の場合の具体例を挙げてみましょう。

売買による所有権移転の場合の売買契約書、抵当権抹消登記の場合の解除証書なども、登記原因、申請人、不動産の表示など必要事項が記載されていれば、登記原因証明情報として提供することができます。

売買契約書の場合、当事者の表示や不動産の表示が誤っていたり、記載事項が不十分だったりすると、登記原因証明情報としては使用できない場合があるので注意が必要です。

売買契約書などがない、あるいは売買契約書があっても登記原因証明情報としての要件を備えていない、というような場合は、その登記申請のために報告形式の登記原因証明情報を作成し、これを提供することができます。報告形式の登記原因証明情報とは、登記の原因となる事実や法律関係などを記載したものであり、売買の場合であれば、売買契約の事実、所有権移転時期の特約など必要事項を記載し、作成名義人である登記権利者および登記義務者が記名押印したものです。

相続による所有権移転登記、住所移転や氏名変更による登記名義人表示変更・更正の登記の場合は、戸籍謄本や遺産分割協議書、遺言書などが登記原因証明情報となりますので、これを提供します。

● 登記済証から登記識別情報へ

登記識別情報とは、登記名義人が登記義務者として登記を申請する場合において、真に登記名義人がその登記を申請していることを確認するために、登記申請時に提出することを求められる英数字12桁を組み合わせた、いわば暗証番号です。

なお、不動産登記法改正前に行われた登記や、オンライン庁に指定される前の不動産の登記については、添付されていた登記原因証書や申請書副本に登記済の印が押されて法務局から返されていました。こ

れが登記済証です。

現在では、すべての法務局がオンライン申請できる法務局となったため、オンライン申請はもちろん、書類申請の場合でも登記申請後には登記済証ではなく、登記識別情報が通知されることになります。

● 登記識別情報を提供する意味

登記の申請は原則として登記権利者と登記義務者が共同して行います。登記権利者は登記をすることによって形式的に利益を受ける者、登記義務者は登記をすることによって形式的に不利益を受ける者です。「形式的に」というのは、たとえば売買による所有権移転登記の場合、現在の所有者が登記義務者となりますが、この登記義務者は代金を受け取るのであり、実質的には不利益を受けることはないかもしれません。しかし、登記の面からだけ考えれば、登記義務者は自己の登記を失うことで不利益を受けることになるのです。登記義務者が登記識別情報を添付していれば、その申請が登記義務者の真意に基づくものであるという可能性が非常に高いといえます。

● 印鑑証明書

所有権の登記名義人が登記義務者となって登記申請する場合、印鑑証明書を添付しなければなりません。登記義務者が個人である場合は、市区町村発行の印鑑証明書、登記義務者が会社など法人である場合は、管轄法務局発行の代表者の印鑑証明書を添付します。

● 住所証明書

実際には存在しない人物や法人の名義で登記申請がなされることを防止するため、登記権利者の住所証明書を添付します。

個人の場合は、住所証明書は住民票の写しか戸籍附票または印鑑証明書です。住民票の写しは住所地の市区町村役場、戸籍附票は本籍地

の市区町村役場で交付されます。

　法人の場合は、住所は本店（本社）などの主たる事務所の所在地であって、商業登記の登記事項証明書によって証明します。法人として登記されている法務局で交付を受けます。

　個人の住所証明書は、申請書に住民票コードを記載した場合は、添付を省略することができます。

◉ 代理権限証明情報とは

　登記の申請は基本的に申請人本人によって行われることが想定されています。しかし、司法書士などの専門家に依頼することがよくあります。また、会社などの法人は、申請人が人間ではないので自分自身では申請できず、代表者が代理人として申請を行うことになります。そのような場合に、本人を代理して登記申請する権限が本当に与えられているのかどうかを証明する情報を添付する必要があります。

　代理人が本人に代わって書面で登記申請をする場合には、代理権を有することを証明する**代理権限証明情報**を添付しなければなりません。具体的には、司法書士などに登記申請を依頼する場合には、委任内容および委任者と受任者が記載された委任状が代理権限証明情報となります。また、未成年の子を代理して親権者が登記申請をする場合には親権を証する戸籍謄本等が代理権限証明情報となります。

■ 登記識別情報

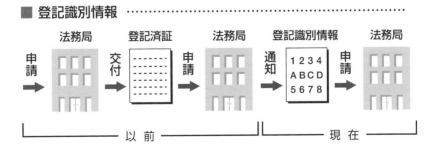

一方、株式会社等の法人が書面で登記申請をする場合には、当該法人の代表者の資格を証する情報（具体的には代表者事項証明書、商業登記登記事項証明書など）の提供が必要でしたが、改正により、資格証明情報の提供は不要になりました。平成27年11月2日からは、資格証明情報に代わり、商業登記法7条に規定する会社法人等番号を提供する制度に変更されています。もっとも、会社等法人番号を有しない法人については、従来通り、資格証明情報の提供が必要です。

● 代理権限証明情報の具体的内容

　代理権限証明情報を提供する際の注意点は以下のとおりです。なお、オンラインで登記申請する場合、添付情報として、電子証明、電子証明書つきの委任データを提供することになります。

① 司法書士等の代理人が登記申請する場合

　委任状の添付が必要です。委任状には委任内容や委任者および受任者など必要事項を記載し、本人が記名・押印する必要があります。押印に使用する印鑑は、所有権の登記名義人が登記義務者になるときは印鑑登録されている実印を使用して、印鑑証明書を添付します。それ以外の場合は認印で大丈夫です。

② 親権者や未成年後見人が登記申請をする場合

　親権を証する戸籍全部事項証明書等や、後見人の登記事項証明書を

■ 代理権限証明情報の具体例

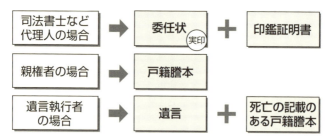

添付します（作成から3か月以内のもの）。
③　遺言執行者が登記申請をする場合
　家庭裁判所で選任された遺言執行者を除き、遺言書や遺言者の死亡を証する書面（死亡の記載のある戸籍謄本など）を代理権限証明情報として提供します。

● 添付書類の準備はこうする

　添付書類の準備方法について、よく利用されるものを中心に見ていきましょう。登記識別情報や登記済証は、通常、登記義務者が保管しています。また、売買や贈与による所有権移転登記などの場合には、登記原因証明情報は当事者または代理人などが作成することが多いといえます。一方、以下のように役所で交付してもらう書類もあります。
　住所地の市区町村役場では、住民票と印鑑証明書が取得できます。本籍地の市区町村役場では、代理権限証書となる未成年者の親権者の戸籍謄本、相続登記の登記原因証明情報となる戸籍謄本や除籍謄本などが取得できます。所有権移転登記などでは固定資産税評価証明書の添付が要求されますが、固定資産税評価証明書については、東京都の23区内に不動産がある場合は都税事務所、それ以外では市町村役場で交付されます。

■ おもな書面申請の添付書類

書　類	備　考
登記原因証明情報	登記すべき原因となる法律関係や事実を証明する情報。売買契約書や遺産分割協議書など
登記識別情報	登記識別情報の代わりに登記済証・資格者代理人による本人確認情報の添付、事前通知制度を利用することもある
印鑑証明書	売買による所有権移転、抵当権設定などの登記義務者の印鑑証明書を添付する
その他	許可証、承諾書、住民票の写し

添付情報の有効期間と原本還付について知っておこう

原本が還付されるのは登記申請時ではなく、登記完了後

● 有効期間のある添付書類もある

　添付書類は、いつ交付を受けてもよいわけではありません。中には有効期間の制限があるものもあります。以下のものは、有効期間が比較的短い3か月以内ですので注意してください。

① **印鑑証明書**

　次の場合には、作成後3か月以内の印鑑証明書を添付しなければなりません。

ⓐ　登記申請する登記義務者が所有権の登記名義人であるとき

ⓑ　所有権の登記名義人が不動産の合筆、合併の登記を申請するとき

② **代理権限証書**

　第三者に登記手続きを委任する場合には委任状が必要ですが、その委任状には原則として有効期間の制限はありません。

　ただ、代理権限証書が役所の作成したものであるときは、作成後3か月以内でなければなりません。たとえば、親権者の戸籍謄本などがそれにあたります。

● 提出した書類を返してもらうこともできる

　登記申請にあたっては、多くの添付書類が必要ですが、これらの中には、**原本還付**という手続きで、提出後に返してもらえるものもあります。

　原本還付を請求できるのは、登記原因証明情報、代理権限証書、住民票、承諾書などの書類です。ただし、登記原因証明情報や委任状のうち、その登記の申請のためだけに作成されたものは原本還付を請求

できません。たとえば、登記原因証明情報の場合、売買契約書を登記原因証明情報として提供した場合には原本還付を請求できますが、その登記のために報告形式の登記原因証明情報を作成して提供した場合には原本還付を請求できないことになります。

印鑑証明書には、原本還付を請求できるものとできないものとがあります。たとえば、申請書や委任状に押印した登記義務者の印鑑証明書や登記に必要な承諾書や同意書に押印した第三者の印鑑証明書は原本還付を請求できませんが、相続登記の場合の、遺産分割協議書に添付した印鑑証明書は原本還付を請求することができます。

原本還付の手続きは、まず、原本をコピーします。そのコピーに法務局の受付に置いてある「原本還付」の判を押すか、自分で赤い字で「原本還付」と書いた上で、「右は原本と相違ありません」と記入して、申請人が記名押印します。原本とコピーを申請書に添付して法務局に提出することになります。

原本が還付されるのは、登記申請時ではなく、登記完了後になります。相続による所有権移転登記の場合、戸籍謄本や除籍謄本は、相続関係説明図を添付することで原本還付を受けることができます。遺産分割協議書や特別受益証明書などに添付した印鑑証明書、住民票の写しはコピーを添付しなければ原本還付を受けることができません。

■ **原本還付のしくみ**

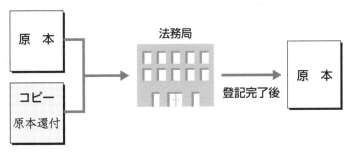

8 事前通知制度について知っておこう

登記識別情報を提供できない場合の本人確認

● 事前通知制度とは

　登記識別情報や登記済証の提供もなく申請がなされた場合、申請をしてきた者が本人であることを確認する必要があります。そこで売主など登記義務者に対して、登記の申請があった旨、この申請に間違いないときはその旨の申出をするべきことが通知されます。この通知を受け取った登記名義人がこれに記名し、申請書または委任状に押印したものと同一の印鑑を押して、申請が本物である旨の申出をします。この事前通知は本人が確実に受け取る必要があるため、本人限定受取郵便により行われます。

　なお、所有権に関する登記の申請については、申請の一定期間前（3か月程度）に住所が移転したとして登記名義人表示変更の登記がなされている場合は、変更前の住所にも当該申請があった旨の通知がなされます。これは登記の申請者が、本人になりすまして、勝手に住所移転の届出をして登記名義人表示変更登記をすることがあるからです。そのため、前の住所にも通知をして安全を図っているのです。

● 資格者代理人などによる本人確認情報

　登記識別情報や登記済証が添付できない場合、事前通知を省略して登記申請を行う方法として、資格者代理人などによる本人確認の制度があります。この制度は、代理人である資格者（司法書士、土地家屋調査士、弁護士）が申請人と面談を行い登記名義人本人であることを確認します。わかりやすくいうと、司法書士が「本人であることに間違いない」と確認できれば、事前通知の手続きを経なくても、登記識

別情報（登記済証）を添付せずに登記手続きができるということになります。本人確認の手段として、使用した資料や面談の日時、本人確認を行った場所などを明らかにし、本人確認情報として法務局に提供します。提供された本人確認情報が相当であると認められれば、事前通知は省略され、登記が実行されます。一方、本人確認情報が相当と認められない場合、この制度は利用できません。その場合は事前通知による方法で申請を行う必要があります。

この他、登記識別情報や登記済証を添付できない場合、公証人から必要な認証をもらい、さらに登記官がその内容を相当と認めた場合も、事前通知を省略することができます。

● 登記官による本人確認

たとえば、①誤った登記識別情報を提供した登記申請や有効証明請求が何度もなされた後、申請があった場合、②真実の登記名義人と称する者が、自らの身分を明らかにする資料を提供した上、第三者による不正な登記があった旨を主張し、これを裏付ける資料（被害届など）を提供した場合、③所有権に関する登記申請について、転送不要で発送した登記記録上の前住所への通知が登記所に返送されなかった場合などに、登記官による本人確認が行われ、その結果、申請人に権限がないと認められると申請は却下されます。

■ **事前通知制度**

登記官 → 通知：登記の申請があったこと／2週間以内に申出をすべきこと

申出　あり → 受理　なし → 却下

書式 本人確認情報

本 人 確 認 情 報

〇〇法務局　御中

平成〇〇年〇月〇日

　当職は、本件登記申請の代理人として、以下のとおり、申請人が申請の制限を有する登記名義人であることを確認するために必要な情報を提供する。

〇〇県　〇〇市　〇〇町　〇丁目〇番〇号
司法書士　田中　和夫　[職印]
（登録番号〇〇司法書士会　第12345号）

1　登記の目的　　所有権移転

2　不動産　　〇〇市〇〇町〇丁目〇番〇の土地　不動産番号1234567890123

3　登記済証を提供できない理由　　紛　失

4　申請人　　■登記義務者
　　　住　　所　　〇〇市〇〇町〇丁目〇番〇号
　　　氏　　名　　佐藤　花子
　　　生年月日　　昭和〇〇年〇月〇日生

5　面談の日時・場所・状況
　　　日　　時　　平成〇〇年〇月〇日午前〇〇時〇〇分
　　　場　　所　　当職事務所
　　　状　　況
　　　　登記義務者が、本件不動産を売却するにあたり、登記申請の必要書類の事前確認等を行うため当職が面談した。
　　　同席者　（株）〇〇不動産　宅地建物取引士　高木健二

6　申請人との面識の有無　　面識がない

7 面識がない場合における確認資料
　　当職は、申請人の氏名を知らず、また面識がないため、申請人から下記の確認資料の提示を受け、申請人の本人確認をした。

　確認資料の特定事項及び有効期限
　■第一号書類　□第二号書類　□第三号書類
　　■名称　○○県公安員会発行の運転免許証　写真付き
　　■写し添付の有無　■あり
　　特定事項　■「別添写しのとおり」

8 登記名義人であることを確認した理由
　　上記の本人確認書類につき、以下のとおり確認した。
　　　申請人が提示した○○県公安委員会発行の運転免許証の写真により、本人との同一性を確認し、運転免許証の外観・形状に異常がないことを視認した。また住所・氏名・生年月日・年齢・干支等について申述を求めたところ、正確に回答した。

　(1)　規則に定める書類以外の書類確認
　　　本物件の権利取得に関する書面ならびに本件物件との関連性を確認できる下記書類の提示を受け、本人であることを確認した。
　　■本件物件購入時の売買契約書、■本件物件購入時の重要事項説明書、■固定資産税納付領収証書

　(2)　面談時の聴取事項
　　■権利取得経過について質問したところ、本件物件は、○○市○○町○丁目○番地渡辺三郎から売買によって取得した物件であり、売買契約及び所有権移転登記の経緯について正確な経緯を述べた。また、登記済証を紛失した理由については、本件物件の権利取得後、申請人が自宅を改築した際に紛失したと思われるという合理的な説明があり、矛盾がない。
　　■本件物件に関する情報について、現在、コンビニエンスストア「○○マート　○○店」に貸している土地であること、その管理を本件売買の仲介不動産会社に委託していること等の説明があり、これらについて同席者高木健二に訊ねたところ、相違ない旨の回答を得た。
　　■その他、疑義を生じる事例などは存在しなかった。

登記申請が却下されることもある

申請が却下される場合もある

● 登記申請の方式に不備があれば却下される

登記申請に際して必要な手続きや書類について見てきましたが、以下のような不備があると申請が却下されてしまいます。

① **登記申請の目的である不動産の所在地が、申請を受けた法務局の管轄に属さないとき**

登記の対象となる不動産物件を管轄する法務局に申請しなければ、申請は却下されます。最近では、法務局の統廃合がよく行われ、管轄が変わることも少なくないので注意しましょう。

② **内容が登記すべきものでないとき**

法律上登記が許されない権利は申請しても却下されます。

③ **申請した内容がすでに登記されているとき**

同一の不動産に所有権保存登記や地上権設定登記を二重に行うように、登記法自体の要請から登記が許されない場合もあります。

④ **申請の権限をもたない者が申請したとき**

登記官は、申請人となるべき者以外の者が申請していると疑う相当な理由がある場合には、申請人（またはその代表者、代理人）に出頭を求め、質問したり、文書の提示を求め、申請権限の有無を調査します。調査の結果、申請権限のない者による申請と認められる場合には、申請が却下されます。

⑤ **申請情報やその提供方法が方式に適合しないとき**

申請書に必要事項が記載されていない場合、押印がない場合、鉛筆で記入されている場合などは申請が却下されます。

⑥ **申請情報の内容である不動産または登記の目的である権利の表示**

が登記記録と一致しないとき

申請書に記載されている不動産または権利が、登記記録に記録されているものと異なる場合には、申請が却下されます。

⑦ 申請情報の内容である登記義務者の氏名（または名称）・住所が登記記録と一致しないとき

たとえば、住所移転などの結果、登記義務者の現在の住所が登記記録上の住所と一致しない場合、登記申請の前提として登記名義人住所変更（更正）登記が必要です。ただ、所有権以外の権利や所有権に関する仮登記を抹消する場合であれば、住民票などの変更を証明する書面を添付することで、そのまま登記申請をすることができます。

⑧ 申請情報の内容が登記原因証明情報の内容と一致しないとき

登記簿には登記申請書に記載された登記原因が記録されます。そのため、原因となる事実を証明するために登記原因証明情報を添付しますが、申請書と登記原因証明情報の記載内容に食い違いがあれば、申請は却下されます。

⑨ 申請情報とあわせて提供しなければならないとされる添付情報が提供されないとき

たとえば売買による農地の所有権移転登記申請の場合に、農地法所定の許可書を添付しないときは却下されます。

■ 却下処分に対する救済手段

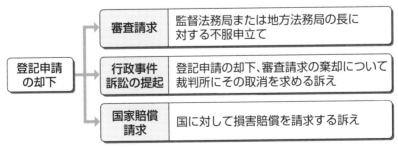

⑩ 事前通知がなされた場合に、期間内に申出がないとき

　国内では2週間、海外では4週間の期限内に申出をしなければ申請は却下されます。

⑪ 表示に関する登記の目的となっている不動産の表示が、登記官の調査の結果と一致しないとき

　登記手続きでは書面審査が原則で登記官には形式的審査権しかないのですが、土地や建物の表示についての登記の場合は、登記官による実地調査が行われます。その実地調査の結果と申請内容が一致しなければ、申請は却下されます。

⑫ 登録免許税を納付しないとき

　全く納付しない場合以外に、額が不足している場合にも却下されます。

⑬ その他、登記すべきものでないとして政令で定めるとき

● 却下処分に対する救済手段

　登記申請を却下されたことについて納得がいかない場合は、法律上救済手段が用意されています。

　まず、行政機関に対して不服を申し立てる手段として、監督法務局または地方法務局の長を相手どって、審査請求を行うことができます。

　次に、裁判所に対して救済を求める手段として、国を被告として行政事件訴訟を提起することができます。これには、申請を却下（登記申請の方式に不備があることを理由に退けること）した処分自体の取消を求める方法と、審査請求が棄却（申立てに理由がないとして退けること）された場合に、この棄却の判断（棄却判決）の取消を求める方法の2通りがあります。

　また、もう1つ裁判所に対して救済を求める手段として、国家賠償法によって国に対し損害の賠償を請求することもできます。この場合は、金銭によって救済されます。却下処分の他、登記事項証明書の交付などについての処分も救済の対象に含まれます。

補正と登記完了後の手続きについて知っておこう

登記識別情報の通知を希望しないこともできる

● 補正をしなければならない

　提出した登記申請書について不備が見つかった場合でも、不備を補正できる場合には、登記官は申請を却下せずに、申請人に対して**補正**を指示します。

　補正しない場合、申請は却下されることになりますが、実務では不備を説明した上で、申請人に取下げを促している場合も多いようです。申請を取り下げた場合、すでに納付した登録免許税も還付されます。また、取り下げる際に、取下書と共に再使用申出書を提出すると、領収書または消印済の収入印紙に再使用ができるという判が押印されて返ってきます。再申請時にはそれをそのまま使用することができます。補正は次のような方法・手順で行われます。

・**書面申請の場合**

　書面申請の場合、登記申請書に申請人の電話番号などの連絡先を記載しているため、申請書、添付書類などに不備がある場合、補正を行うよう法務局から電話がかかってきます。そこで、補正の要請があった場合には、補正期限内に法務局に行き、補正をすることになります。なお、登記官には、補正の必要がある場合に必ず申請人に連絡をしなければならない義務があるわけではありませんが、通常、そのままでは登記できない不備がある場合には、連絡があるといえるでしょう。

　郵送で書面申請を行った場合、郵送で補正をすることができます。郵送で補正をする場合は、訂正後の申請書または添付書類を郵送するか、正誤を明らかにした補正書を郵送します。なお、郵送で申請を行った場合であっても、直接法務局に行って補正してもかまいません。

・オンライン申請の場合

　オンライン申請の場合には、補正もオンラインで行わなければなりません。補正の必要がある場合、登記・供託オンライン申請システムに掲示する方法によって、ⓐ補正を要する事項、ⓑ補正期限の年月日、ⓒ補正期限内に補正がなされなければ申請を却下する旨、ⓓ補正の方法、ⓔ管轄法務局の電話番号が告知されますので、指示に従って補正をすることになります。

● 問題がなければ登記が実行される

　登記申請が受理されて、調査係が何の問題もないと判断した場合、申請書類は記入係に回されます。そして、登記記録に申請内容が記録されます。権利部のうち、甲区には所有権についての登記が、乙区にはそれ以外の権利についての登記がなされます。登記の目的、受付年月日、受付番号、原因、登記権利者の住所・氏名などが登記される事項です。登記記録に記録される順序は受付番号順です。

　登記官が登記記録に登記事項を記録し、最後に登記官の識別番号を記録します。登記官の識別番号を記録した時点で登記は完了します。

● 登記識別情報、登記完了証を受け取る

　登記が完了した場合、原則として登記識別情報が通知されます。ただ、申請人が非通知を希望している場合には、通知する必要はありません。

　また、登記が完了した旨を通知する登記完了証が交付されます。

■ 登記申請後の流れ

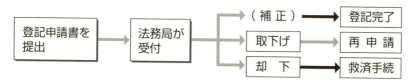

■ **登記識別情報通知サンプル（目隠しシール方式）**……………

登記識別情報通知

次の登記の登記識別情報について、下記のとおり通知します。

【不動産】
○○市○○町○丁目○番地○
（家屋番号　○番○○の○）の建物

【不動産番号】
　１２３４５６７８９００００
【受付年月日・受付番号（又は順位番号）】
平成○○年○月○日受付　第×××××号

【登記の目的】
所有権保存
【登記名義人】
○○市○○町○丁目○番地○○
△△△△

（以下余白）

※下線のあるものは抹消事項であることを示す。

記
登 記 識 別 情 報　　　［シールが貼られている］

平成○○年○月○日
○○地方法務局○○出張所　　　　　　○　○　○　○　　［印］
登記官

■ **登記識別情報通知サンプル（ミシン目方式）**

登　記　識　別　情　報　通　知

次の登記の登記識別情報について、下記のとおり通知します。

【不動産】
　Ａ市Ｂ町一丁目１番地１
　（家屋番号　１番１の２０１　　　　　　　　　　　　　　　　）の建物
【不動産番号】
　１２３４５６７８９０１２３
【受付年月日受付番号（又は）順位番号】
　平成〇〇年△△月××日受付　第１２３４５号
【登記の目的】
　所有権保存
【登記名義人】
　Ａ市Ｂ町一丁目１番７－２０１号
　Ｅ田Ｆ男

―――――――――――――（以下余白）―――――――――――――

＊下線のあるものは抹消事項であることを示す。　平成〇〇年△△月×□日
　　　　　　　　　　　　　　　　　　　　　　　Ａ地方法務局Ｂ出張所
　　　　　　　　　　　　　　　　　　　　　　　登記官

　　　　　　　　　　　　　　平成〇〇年△△月×□日
　　　　　　　　　　　　　　Ａ地方法務局Ｂ出張所
　　　　　　　　　　　　　　登記官　　〇　〇　〇　〇　　｜登記所印｜

登記識別情報はこの中に記載しています。開封方法は裏面をご覧ください。

↑折り返し線　　　ここを折り曲げてから切り取って開いてください

※登記識別情報通知については、現在では「目隠しシール方式」（前ページ）ではなく「ミシン目方式」が使用されている

登記・供託オンライン申請について知っておこう

インターネットを利用して不動産登記申請をすることができる

● 登記・供託オンライン申請システム

　登記・供託オンライン申請システムは、申請や請求についてインターネットを利用して行うシステムです。

　不動産登記手続き、商業・法人登記手続き、動産譲渡登記手続き、債権譲渡登記手続き、成年後見登記手続き、電子公証手続き、供託手続き、の各種手続きについてオンライン申請することが可能です。

　登記・供託オンライン申請には、申請用総合ソフトとかんたん証明書請求・供託かんたん申請という2つのしくみがあり、利用できる手続きが異なります。

① **申請用総合ソフトで行う手続き**

　申請用総合ソフトは、登記・供託オンライン申請システムで取り扱うすべての手続きを対象としています。不動産登記については、ⓐ不動産登記の申請または嘱託、ⓑ登記識別情報に関する証明請求、ⓒ登記識別情報の失効の申出、ⓓ登記事項や地図・図面証明書の交付請求の手続きを行うことができます。

② **かんたん証明書請求で行う手続き**

　かんたん証明書請求とは、インターネット上に開設したウェブサイトから電子署名や添付ファイルを必要とせずに証明書の請求をすることができるしくみです。不動産登記については、かんたん証明書請求では、登記事項証明書、地図・図面証明書の交付請求をすることができます。

● 申請の流れ

　登記・供託オンライン申請システムを利用するためには、申請用総合ソフトの準備が必要です。

　まずは申請者IDおよびパスワードを登録します。申請用総合ソフトを利用する場合には、申請用総合ソフトのダウンロードおよびインストールを行います。

　続いて、申請用総合ソフトで申請内容の入力・作成を行います。添付書類が必要な手続きの場合には、申請書に添付書類を添付します。電子署名が必要な手続きの場合には、申請書に電子署名を付与します。送信対象となる申請データが正しいことを確認し、作成した申請データを送信します。

　申請データが登記・供託オンライン申請システムに到達した時点で、申請番号、申請データが申請先登記所で受付された時点で受付番号を確認できます。とともに納付のお知らせが通知されます。

　当然の話ですが、オンライン申請でも登録免許税の納付が必要です。納付方法については、ⓐインターネットバンキングなどを利用し、電子納付を行う方法と、ⓑ税務署などで納付する方法（現金納付）、ⓒ管轄登記所において収入印紙で納付する方法（印紙納付）があります。

　申請した手続きの処理状況は、申請システムにログインすれば確認することができます。補正の必要がある場合はその旨が通知されます

■ オンライン申請のしくみ

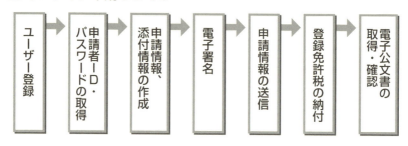

ユーザー登録 → 申請者ID・パスワードの取得 → 申請情報、添付情報の作成 → 電子署名 → 申請情報の送信 → 登録免許税の納付 → 電子公文書の取得・確認

ので、オンラインで補正をすることになります。手続きに不備がなく登記申請が完了すれば、手続終了と通知されますので、登記完了証や登記識別情報をダウンロードします。なお、登記識別情報等は、オンラインだけでなく送付による交付や管轄登記所で直接受け取る方法も認められています。

● 電子証明書とは

　オンライン申請をするには、申請人や代理人などが申請書や委任状に電子署名をし、登記官が電子署名が正しく申請人などによって行われたものであることを確認するために、**電子証明書**を送信しなければなりません。

　注意したいのは、オンライン申請では、登記権利者の電子署名、電子証明書も必要になることです。書面による登記申請では、実印を押印し、印鑑証明書を添付しなければならないのは登記義務者や承諾書の作成名義人などに限られていますが、オンライン申請では、これらの者に加えて、登記権利者や単独申請の申請人も申請書などに電子署名をして、電子証明書を送信しなければなりません。

● 半ライン申請とは

　オンライン申請をするには、添付情報のすべてが電子情報になって

■ **半ライン申請のしくみ**

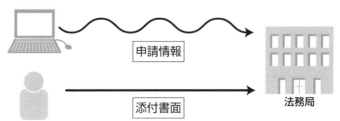

いる必要があります。ただ、実際のところ、添付情報のすべてが電子情報になっているわけではありません。

　1つでも電子化されていない添付情報がある場合にはオンライン申請をすることができないとなると、オンライン申請の普及は難しくなります。

　そこで、不動産登記のオンライン申請をする場合において、添付情報（登記識別情報を除く）が書面に記載されているときは、この添付情報が記載された書面を登記所に提出する方法により不動産登記の申請をすることが認められています。具体的には、登記原因証明情報（売買契約書など）が記載されている書面をPDF化して（登記の原因を明らかにする部分のみPDF化すれば足ります）、申請情報と共に送信し、申請の受付日から2日以内に登記原因証明情報の原本および他の添付書類を法務局に持参するか、書留郵便などによって郵送します。この方式を特例方式といいますが、一部の申請をオンラインにより行うことから、半ライン申請とも呼ばれています。

● オンライン申請が主流になるのか

　登記の申請をオンラインで行うためには、①申請人が認証機関から電子証明書の発行を受けていること、②すべての添付情報をインターネットにより送信できること、といった条件をクリアすることが必要です。特に②については、たとえば、添付情報の中には判決正本や戸籍謄本などの公文書がありますが、公文書をすべて電子情報化し、オンライン申請に対応できるようにするためには、必要な法整備をしていかなければなりません。また、第三者の承諾などを要する場合も、承諾書を電子文書として送信できる環境が整っていなければなりません。ただ、法令の改正やソフトウェアの改良などによって、オンライン申請がさらに利用しやすいものとなり、一気に普及が進む可能性もあります。

登記識別情報の紛失や管理の問題について知っておこう

情報の漏えいに注意する

● 登記識別情報の失効の申出

　登記識別情報の失効の申出とは、登記名義人の請求により、いったん有効に取得した登記識別情報を失効させる制度です。この請求は登記識別情報をなくしてしまった場合や、盗まれてしまった場合など、登記識別情報を使用した不正登記の防止に利用されます。この請求には登記識別情報の提供は必要ありません。しかし、この請求が登記名義人からの請求であることを確認する必要があります。そこで、オンラインによる請求であれば電子署名と電子証明書、書面による請求であれば印鑑証明書つきの印鑑で確認されることになります。

　なお、いったん有効な登記識別情報が提供され、登記の申請がなされた後に失効請求が行われた場合は、当該登記申請は有効な登記識別情報の提供があったものとみなされます。

● 登記識別情報の不通知希望

　登記識別情報は情報そのものなので、一度他人に知られるだけで悪用される可能性があります。登記済証のように物理的に処分することができません。

　そこで、「登記識別情報の管理を適切に行う自信がない」「管理をしたくない」という登記名義人は、事前に登記識別情報の通知を拒否することができます。この申出があると登記識別情報は通知されません。通知を拒否した者がその後権利に関する登記を行うには、事前通知制度や資格者代理人などによる本人確認制度を利用します。

第3章　登記申請手続き

● 登記識別情報の有効証明

　登記識別情報の有効証明とは、登記識別情報が有効であるか否かを確認するため、法務局にその有効性を証明してもらう制度のことをいいます。

　登記識別情報は12桁の英数字が並んだパスワードみたいなものなので、一度でも人に見られると悪用される危険性があるため、管理に不安がある場合等には、いつでもその失効を申し出ることができます。この失効の申出には登記識別情報自体を提出する必要がないため、登記識別情報の原本を所持していることが、必ずしもその有効性を証明することにはならないわけです。そこで、不動産の売却等に際しては、取引に先立ち登記識別情報が失効していないか、その有効性を確認する必要があります。

　なお、不正に情報を取得されないために、有効証明の請求には一定の要件が課せられています。

■ 登記識別情報有効証明書

```
　　　　　　　　　　登記識別情報有効証明

平成○○年○月○日
○○法務局登記官○○　㊞

　次の登記請求者（○○）から平成○○年○月○日付けの請求により提供
された登記識別情報は、有効であることを証明する
　　　　　　　　　　　　　　記
不動産の所在　○市○町○番地（家屋番号○）
不動産特定番号　○○
登記の目的　○○
受付番号（順位番号）　○（○番）
登記名義人の氏名又は名称　○○
```

第4章
新築・購入・ローンに関する登記

住宅を新築した場合の登記手続き

家を新築したらまず建物の表題登記をする

● 建物の表題登記とは

　住宅を新築した場合には、その登記をすることが必要です。中古建売住宅や土地の場合はすでに登記記録が作成されているのが普通ですが、新築の場合は登記記録そのものがありません。そこで、登記記録を作る手続きをすることになります。登記記録には「表題部」と「権利部」がありますが、いきなり権利部を作る手続をすることはできません。まず、表題部を作るための登記の申請をしなければならず、このような登記を**表題登記**といいます。

　表題登記は建物の建築後1か月以内の申請が義務付けられており、この義務に違反すると10万円以下の過料に処せられます。表題登記には一般の登記が有する対抗力（第三者に対して不動産に関する権利を主張できる効力）はありませんが、表題登記をしないと、権利に関する登記をすることもできず不動産に関する権利の確保がままならなくなってしまいます。一般的にいって費用もそれほど多くかかるわけではないので、なるべく早目に表題登記をしておくべきです。なお、建築後1か月を経過した場合でも表題登記の申請自体は認められます。

　建物の表題部には、建物の所在地や家屋番号の他、建物の面積、構造、種類などの物理的状況が記録されます。ですから、表題登記を申請する場合には、実際に建物の測量をする必要があり、測量に基づいて作製した各種の図面を法務局に提出しなければなりません。

　そこで表題登記は、測量や作図の専門家でもある土地家屋調査士に依頼することが多いようです。土地家屋調査士は建物のある現地へ行って、建物の物理的状況を調査・測量します。そして、その結果を

もとに、敷地と建物の位置関係を現した「建物図面」と建物の各階の様子を図示した「各階平面図」を作製します。

表題登記の申請では、土地家屋調査士の作製する図面以外にも、申請人の所有権を証明する書面として以下に説明する書類が必要です。

まず、建築主が登記申請を土地家屋調査士に依頼するための委任状があります。次に、建築主の住民票の写しが必要です。さらに、建築請負関係の書類として、請負代金の領収書、建物引渡証明書、請負人の印鑑証明書と会社法人等番号（資格証明情報）を請負人から受領しておきます。また、建築主事から交付される建築確認通知書と検査済証も必要になります。土地家屋調査士に以上の書類を手渡して、作製した図面と共に法務局に提出してもらいます。表題登記の場合、10日から15日程度で登記が終了し、表題登記済証が交付されます。土地家屋調査士から表題登記済証を受領して手続きは終わります。

● 第三者に権利を主張するには保存登記が必要

表題登記をしただけでは、第三者に不動産の所有権を主張することができません。第三者に所有権を主張するためには所有権の保存登記をしなければなりません。**所有権の保存登記**とは、誰の所有物であるのかを公示して、所有者としての権利を守るための登記です。通常、所有権保存登記をすることによってはじめて登記記録に「権利部」が作られます。表題登記は土地家屋調査士に依頼しますが、所有権保存登記は司法書士に依頼します。所有権保存登記は、表題部所有者及びその相続人、対象となる物件が分譲マンション等の区分建物の場合は、表題部所有者から譲り受けた者等が単独で申請することができ、また添付書面も比較的少なくてすみます。これは表題登記の申請時に建築主事の交付した建築確認通知書などの添付書類によって建物の所有権者が誰であるかが既に確認されているためです。所有権保存登記の場合も、手続きが完了すると登記識別情報通知書が交付されます。

● 所有権保存登記の作成方法（書式１、２）

① 登記の目的と原因

「所有権保存」を目的とし、原因及び日付についての記載は不要です。ただし、対象となる物件が敷地権付き区分建物で、敷地権がついている場合には、敷地権の移転原因を表示する必要があるため、原因日付を記載しなければなりません。

② 所有者（申請人）

申請人の氏名、住所を記載します。

③ 添付書面

住民票の写しの他、代理人による申請の場合は委任状を添付します。敷地権付き区分建物の場合は、上記の書類に加えて、売買契約書等の原因証明情報、及び敷地権の登記名義人が作成した承諾書に印鑑証明書をつけて提出する必要があります。なお、一定の要件を満たす住宅用建物については市区町村長発行の住宅用家屋証明書を添付すれば、登録免許税の軽減税率の適用を受けることができます。

④ 登録免許税

課税価格に1000分の４を掛けあわせた金額です。なお、住宅用家屋証明書を添付した場合は1000分の1.5を掛け合わせた金額と「租税特別措置法第72条の２による」と、根拠条文を記載します。敷地権付き区分建物については、敷地権の課税価格に1000分の15（売買による取得の場合。本来1000分の20だが、租税特別措置法により平成29年３月31日まで1000分の15。この減税は、その後も延長される可能性はある）を掛けた金額も記載する必要があります。

● 借地上の建物の保存登記の効力

建物を建てたのが自分の土地ではなく借地の場合は、できるだけ早く表題登記と所有権保存登記をしておくべきです。

「売買は賃貸借を破る」という言葉があるように、土地の賃料を

払って借りていても、土地の所有権が移転し、新所有者に建物の撤去と立退きを請求されたら、それに従わなければならないのが原則です。

しかし、それではせっかく建てた新築の建物がムダになりますし、そこで仕事や生活をしている人にとっては酷な結果になってしまいます。そこで、民法では土地の登記記録に借地権（賃借権、地上権）を登記すれば、その借地権を第三者にも主張することができるとしています。つまり、土地の所有権が譲渡されても新所有者に対して借地権を主張することができるのです。ただ、この借地権の登記手続きには地主の協力が必要です。一般に地主は、借地権の登記には消極的です。借主の立場を強くし、自分の立場を弱くするからです。そのため、借地借家法という法律によって借主の保護を充実させています。借地借家法は、借地上にある建物について登記がなされていれば、土地について借地権の登記がある場合と同様に対抗力が生じるとしています。建物の所有権保存登記は地主の協力がなくても自分で手続きができますから、容易に借地権あるいは建物を保護することができるのです。なお、建物の所有権保存登記がされていなくても、表題登記がなされていれば、借地権の対抗力が認められるとされています。

借地上に建物を建てたときは、できる限り早期に、少なくとも表題登記を、できれば所有権保存登記も申請しておくべきだといえます。

■ **建物を新築したときの登記**

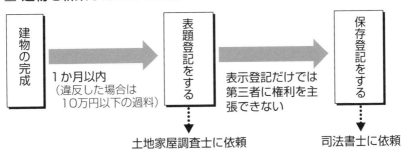

書式1　所有権保存登記申請書（一戸建ての場合）

登　記　申　請　書

登記の目的　所有権保存
所　有　者　東京都目黒区××一丁目2番3号
　　　　　　　山田　太郎　㊞
　　　　　　　連絡先の電話番号　００－００００－００００
添 付 書 面　住所証明情報　住宅用家屋証明書

平成28年8月29日法74条1項1号申請
東京法務局渋谷出張所

課 税 価 格　金２０００万円
登録免許税　金３万円
　　　　　　　租税特別措置法第72条の2による

不動産の表示
　　所　　在　東京都目黒区××一丁目2番地3
　　家屋番号　2番3
　　種　　類　居宅
　　構　　造　木造瓦葺二階建
　　床 面 積　1階　５４．２８㎡
　　　　　　　2階　３２．１１㎡

書式2　所有権保存登記申請書（マンションの場合）

登 記 申 請 書

登記の目的　所有権保存
原　　　因　平成28年7月27日売買
所　有　者　東京都品川区××一丁目2番3号
　　　　　　　田中　次郎　㊞
　　　　　　　連絡先の電話番号　00-0000-0000
添 付 書 面　登記原因証明情報　住所証明情報
　　　　　　住宅用家屋証明書　承諾証明情報

平成28年8月29日法74条2項申請
東京法務局品川出張所

課 税 価 格　建物　　金2000万円
　　　　　　敷地権　金500万円
登録免許税　建物　　金3万円
　　　　　　租税特別措置法第72条の2による
　　　　　　敷地権　金10万円
　　　　　　合計　　金13万円

不動産売買の登記申請

代金と書類のやりとりが重要

◉ 契約書を作成し、署名・押印する

　物件をよく調べ、問題がないとなれば、売主と売買契約を締結することになります。

　不動産は金額が高額であるため、不動産を購入する場合にローンを利用するケースが多くあります。

　ローンを組む場合、申込みから融資の実行まで早くても1週間程度、場合によっては数週間かかります。そこで契約の時点では買主は売買代金の一部として手付金を売主に支払います。

　買主がローンの審査に通り、融資が実行されることが決まると、いよいよ残代金を支払い、同時に売買による所有権移転登記の申請に必要な書類のやりとりなどが行われることになります。残代金の決済の場には、司法書士が立ち会います。これは次のような理由によります。

　不動産の売買代金は通常数千万円にのぼります。買主が売主に代金を渡したものの、買主名義の登記がなされなかったということになると、これは一大事です。買主がその不動産の所有権を確実に手に入れたといえるのは、買主名義の所有権の登記が完了したときだからです。そこで登記と同時に買主が売主に残代金を支払うという方式をとれればよいのですが、通常、登記は申請してから完了するまで早くて数日間、場合によっては1週間から十数日間かかることがありますので、これは不可能です。

　その代替策として、登記の専門家である司法書士が残代金決済の場で、登記に必要な売主と買主双方の書類をチェックし、問題がない場合には、これで確実に登記ができる旨を宣言し、その代わりに買主は

売主に残代金を支払うという方式がとられているわけです。

なお、実際には、決済の場で金融機関から融資が実行されて、そのお金が売主に渡ることになります。

また、この場合には、売買される不動産を担保にする抵当権設定の登記もなされることになります。通常は、残代金の決済に立ち会った司法書士が抵当権設定の登記も行い、売買による所有権移転登記を1件目、抵当権設定登記を2件目とする連件申請をします。

● 目的物の引渡し

残代金の決済の場では、目的物の引渡しも行われます。とはいえ、決済は通常、対象不動産から離れた銀行の応接室で行われますので、現地に行って売主が買主に不動産を引き渡すことはなく、住宅の場合には鍵を渡すことが目的物の引渡しとなります。この他、決済の場では固定資産税の精算なども行われます。

● 不動産売買の登記に必要な添付書類

不動産の売買をしたときの登記、つまり売買を原因とする所有権移転登記の申請の際に、登記申請書に添付する書類として必要なものは、一般的には次のとおりです。

■ 不動産購入の際の注意点

①不動産売買契約を結ぶ	・契約書の内容を確認する ・購入代金の支払方法を決める ・引渡時期と移転登記について確認する
②金融機関などに住宅ローンを申し込む	・融資条件を確認する ・書類をそろえて申し込む
③不動産の引渡と登記を受ける	・代金と引換えに不動産の引渡しを受ける ・所有権移転登記をする

第4章 新築・購入・ローンに関する登記

① **登記原因証明情報**

登記原因証明情報として必要な事項が記載された不動産の売買契約書、あるいは報告形式の登記原因証明情報（書式4）などです。

② **住所証明書**

登記権利者（買主）が実在することを証明するためのものであり、住民票の写しなどが該当します。住民票コードを申請書に記載することにより、添付を省略できます。

③ **登記識別情報または登記済証**

たとえば管轄法務局がオンライン申請できる法務局になってからはじめて登記義務者がその不動産について申請をする場合などであれば登記済証を、それ以外の場合には登記識別情報を添付します。登記識別情報は封筒に入れて提出します。

④ **印鑑証明書**

登記義務者の印鑑証明書です。登記義務者が個人の場合には市区町村役場で取得し、登記義務者が会社など法人の場合は、その法人の管轄法務局で代表者の印鑑証明書を取得します。発行から3か月以内のものでなければならないという制限があります。

⑤ **固定資産評価証明書**

■ **売買による所有権移転登記申請書の添付書面**

登記原因証明情報（売買契約書など）

＋

売主（登記義務者）側	買主（登記権利者）側
登記識別情報または登記済証 印鑑（実印） 印鑑証明書（発行後3か月以内のもの） 固定資産評価証明書 （登記申請をする年度分） 委任状（自署の上、実印を押印）	住民票の写し 印鑑（認印でも可） 委任状 （自署・押印は認印でも可）

登録免許税の課税価格は、固定資産評価額となることから、これを証明するため、市区町村役場で発行される固定資産評価証明書（登記する年度分のもの）を添付します。

⑥ **委任状**

司法書士などを代理人として申請する場合には、申請人が司法書士などに委任したことを証する委任状を添付しなければなりません。登記義務者の委任状には実印が押印されていなければなりません。

● 登記事項証明書で内容をチェックする

通常、司法書士は残代金の決済日当日に登記の申請を行います。それから数日から十数日程度たって登記が完了し、買主が実際にそれを確認してはじめて不動産取引が完全に終了したということができるでしょう。登記が終わると司法書士から手渡しまたは郵送で、登記識別情報通知、その他、登記事項証明書や原本還付された書類などを受け取ることになります。登記識別情報については不通知を選択することもでき、この場合にはこれらのものは渡されません。

■ 売買による所有権移転の登記

権　利　部（甲区）	（所有権に関する事項）		
順位番号	登 記 の 目 的	受付年月日・受付番号	権利者　その他の事項
1	所有権保存	平成○○年○月○日 第○○○号	所有者　○○区○○町○丁目○番○ 　　　　○○○○
2	所有権移転	平成○○年○月○日 第○○○号	原因　平成○○年○月○日売買 所有者　○○区○○町○丁目○番○ 　　　　B
3	所有権移転	平成○○年○月○日 第○○○号	原因　平成○○年○月○日売買 所有者　○○区○○町○丁目○番○ 　　　　C

① 売買により、不動産の所有権がBに移転している（順位番号2番の登記）
② 売買により、不動産の所有権がCに移転している（順位番号3番の登記）

登記事項証明書を受け取った際には、きちんと自分名義の登記がなされていることを確認しましょう。万一、誤った登記がなされていたり、住所や名前の文字が間違っていたときは訂正のための手続きを司法書士に相談するとよいでしょう。

● 登記の目的や登記原因の記載の仕方

売買の登記申請書記入上の注意点は以下の通りです。

・登記の目的

登記の目的は「所有権移転」です。

・登記原因

登記原因は「平成○年○月○日売買」と記載します。日付は売買契約が成立した日もしくは所有権移転時期に関する特約を付けた場合は、その特約の条件が成就した日を記載します。

・権利者・義務者

権利者（買主）および義務者（売主）が申請人となる場合には、氏名の後に押印が必要となり、義務者は実印で押印しなければなりません（権利者は認印でも可）。

本書では第三者と売買するケース（書式3）と親子間で売買するケース（書式5）について、申請書を掲載しています。

・課税価格

課税価格は固定資産評価証明書に記載された価格から1000円未満の端数を切り捨てた金額を記載します。

・登録免許税

登録免許税は、原則、課税価格の1000分の20です（100円未満の端数は切捨て）が、平成29年3月31日までの申請については、土地の場合は課税価格の1000分の15、建物の場合（要件あり）は、1000分の3の軽減税率が適用されます。

書式3　不動産売買の場合の登記申請書（第三者との売買）

登　記　申　請　書

登記の目的　　所有権移転
原　　因　　　平成27年7月1日売買
権　利　者　　東京都目黒区××三丁目1番2号
　　　　　　　　　鈴木　太郎　㊞
　　　　　　　連絡先の電話番号　００－００００－００００
義　務　者　　東京都杉並区××一丁目2番3号
　　　　　　　　　佐藤　花子　実印
　　　　　　　連絡先の電話番号　００－００００－００００
添付書面
　　登記識別情報又は登記済証　登記原因証明情報
　　印鑑証明書　住所証明書
登記識別情報（登記済証）を提供することができない理由
　　□不通知　□失効　□失念　□管理支障　□取引円滑障害
　　□その他（　　　）　□登記識別情報の通知を希望しません。

平成27年7月8日申請　東京法務局渋谷出張所

課税価格　　金２０００万円
登録免許税　金３０万円
不動産の表示
　　所　　在　　東京都目黒区××二丁目
　　地　　番　　3番4
　　地　　目　　宅地
　　地　　積　　１４８．７８㎡

第4章　新築・購入・ローンに関する登記

書式4　登記原因証明情報

1　登記申請情報の要項
　(1)　登記の目的　　所有権移転
　(2)　登記の原因　　平成27年7月1日　売買
　(3)　当事者　　　　権利者　東京都目黒区××三丁目1番2号
　　　　　　　　　　　　　　　鈴木　太郎

　　　　　　　　　　義務者　東京都杉並区××一丁目2番3号
　　　　　　　　　　　　　　　佐藤　花子
　(4)　不動産
　　　　所　　在　　東京都目黒区××二丁目
　　　　地　　番　　3番4
　　　　地　　目　　宅地
　　　　地　　積　　148.78㎡

2　登記の原因となる事実又は法律行為
　(1)（売買契約の締結）
　売主佐藤花子は、買主鈴木太郎に対し、平成27年7月1日、本件不動産を売り渡すことを約し、鈴木太郎は、佐藤花子に対し、その売買代金を支払うことを約した。
　(2)（所有権の移転）
　よって、本件不動産の所有権は、同日、佐藤花子から鈴木太郎に移転した。

平成27年7月8日申請　東京法務局渋谷出張所　御中

　私達は、前記各項に記載された内容を自認し、不動産登記法第61条所定の登記原因証明情報として提供します。

　　　　（買主）　　　東京都目黒区××三丁目1番2号
　　　　　　　　　　　鈴木　太郎　　　　㊞

　　　　（売主）　　　東京都杉並区××一丁目2番3号
　　　　　　　　　　　佐藤　花子　　　　㊞

書式5　不動産売買の場合の登記申請書（親子間売買）

```
┌ ─ ─ ─ ─ ─ ─ ┐
│             │
│             │
│             │
└ ─ ─ ─ ─ ─ ─ ┘
```

登 記 申 請 書

登記の目的　所有権移転
原　　　因　平成28年4月6日売買
権　利　者　東京都目黒区××一丁目2番3号
　　　　　　　中村　陽子　㊞
　　　　　　　連絡先の電話番号　00-0000-0000
義　務　者　東京都江戸川区××一丁目2番3号
　　　　　　　中村　明　実印
　　　　　　　連絡先の電話番号　00-0000-0000
添付書面
　　　登記識別情報又は登記済証　登記原因証明情報
　　　印鑑証明書　住所証明書
登記識別情報（登記済証）を提供することができない理由
　　　□不通知　□失効　□失念　□管理支障　□取引円滑障害
　　　□その他（　　　　）　□登記識別情報の通知を希望しません。

平成28年4月15日申請　東京法務局江戸川出張所
課税価格　金2000万円
登録免許税　金30万円
不動産の表示
　　所　　在　東京都江戸川区××一丁目
　　地　　番　2番3
　　地　　目　宅地
　　地　　積　153.26㎡

融資を受けるために担保を設定するときの登記手続き

抵当権や根抵当権を設定する

● 抵当権設定登記を申請する

　抵当権は、貸付金や売買代金などの債権を確実に回収できるようにするための権利で、担保権のひとつであり、代表的な存在です。抵当権の設定者は、債務者自身の場合もありますし、債務者以外の第三者の場合もあります。後者の場合の第三者を**物上保証人**と呼びます。

　当事者間で不動産に抵当権を設定する契約をしても、それだけでは第三者に抵当権の存在を主張することはできず、第三者にも主張できるようにするためには、抵当権設定の登記をしなければなりません。

● 抵当権設定登記に必要な書類とは

　不動産を購入するとき、多くの人が、金融機関で比較的長期のローンを組んで支払いにあてます。その際、売買の対象である土地や建物に抵当権を設定し、その登記をするのが一般的です。そのため、購入した不動産について、売買を原因とする所有権移転登記と共に抵当権設定登記をするケースが多いといえます。

　ローンを組んで不動産を購入する場合の所有権移転登記と抵当権設定登記の申請は、ほとんどの場合、司法書士を代理人として行われています。そのため、自分で抵当権設定の登記申請に必要な書類を作成したり、用意することはあまり考えられませんが、必要書類についての知識をもっておくに越したことはありません。

　抵当権設定登記の申請に必要な添付書類は以下の通りです。

① 登記原因証明情報
　債権者と不動産の所有者が抵当権設定契約を行ったということを証

明するために、登記原因証明情報を提供することが必要です。具体的には、抵当権設定契約書、報告形式の登記原因証明情報などです。

② 登記識別情報または登記済証

抵当権の設定者つまり登記義務者が、対象となる不動産の所有権を取得した際に通知・交付を受けた登記識別情報または登記済証（権利証）が必要です。

たとえば管轄法務局がオンライン申請できる法務局になってからはじめて、その登記義務者がその不動産について申請をする場合などであれば登記済証を、そうでなければ登記識別情報を添付します。登記識別情報は封筒に入れて提出します。

③ 印鑑証明書

登記義務者の印鑑証明書です。登記義務者が個人の場合には市区町村役場で取得し、登記義務者が会社などの法人の場合は、その法人の管轄法務局で代表者の印鑑証明書を取得します。発行から3か月以内のものでなければならないという制限があります。

④ 会社法人等番号または資格証明書

登記権利者または登記義務者が法人の場合は、申請書に会社法人等番号を記載します。ただし、代表者の資格を確認することができる「作成後1か月以内の登記事項証明書」を提供した場合には、会社法人等番号の記載は不要です。

⑤ 委任状

司法書士などに登記申請を依頼する場合は、登記権利者（抵当権者）と登記義務者それぞれから司法書士への委任状が必要です。登記義務者の委任状には実印を押印しなければなりません。

● 抵当権設定登記申請書の記載方法（書式6）

登記の目的は「抵当権設定」です。登記原因は、被担保債権の発生原因と抵当権設定契約およびそれらの日付を記載します。具体的には、

金銭消費貸借契約に基づく債権を担保するために抵当権を設定した場合は「平成○年○月○日金銭消費貸借平成○年○月△日設定」と記載します。前者の年月日には、金銭消費貸借契約が締結された日を、後者の年月日には抵当権設定契約の締結日が入ります。金銭消費貸借契約と抵当権設定契約が同日に締結された場合は「平成○年○月○日金銭消費貸借同日設定」とします。金銭消費貸借契約によって発生した金銭債権のうち一部について抵当権を設定する場合には「平成○年○月○日金銭消費貸借金○円のうち金△円平成○年○月△日設定」とします。

　登記すべき事項は、債務者の氏名（名称）および住所と債務額が必要的記載事項となり、抵当権設定契約に、利息や損害金、特約の定めがある場合には、これらも記載します（下図参照）。抵当権設定契約書等の登記原因証明情報に利息の定め等があるにもかかわらず、申請書にこれを記載しない場合には、申請が却下されますので注意が必要です。

　課税価格には被担保債権の額（1000円未満切捨て）を記載し、その

■ **利息・損害金の記載例**

金銭消費貸借の場合	利息制限法１条１項の範囲内で記載 債権額が10万円未満：20％ 10万円～100万円未満：18％ 100万円以上：15％
無利息と定めた場合	「利息　無利息」と記載
日割計算の定めがある場合	「利息　年５％（年365日　日割計算）」と記載
利息発生期の定めがある場合	「利息　年５％　利息発生期　平成27年９月１日」と記載
損害金を定めた場合	利息制限法４条１項の範囲内で記載 債権額が10万円未満：29.2％ 10万円～100万円未満：26.28％ 100万円以上：21.9％ （ただし、貸金業者の場合は20％が上限）

1000分の4が登録免許税となります（100円未満切捨て）。

● 根抵当権を設定する場合の登記申請

　通常の抵当権は、たとえば、「AがBに平成○○年○月○日に貸した500万円の債権を担保する」というように、特定の原因で発生した特定の債権を担保します。これに対して、たとえば、「製造業を営むCが継続的に業者Dから材料を仕入れている場合にDの代金債権を担保する」といったように、継続的な取引を行う当事者間で、極度額、債務者、債権の範囲という3つの要素を定めて、「元本確定時に存在する、その枠の範囲内の債権はすべて担保する」というのが根抵当権です。つまり、CD間で極度額を3000万円と定めると、元本確定時に存在する、CがDから仕入れた材料の代金について、3000万円を限度にすべて担保されることになるわけです。

　このように、根抵当権は継続的に事業を営む企業間で利用されるのが一般で、個人間の取引で利用されることは比較的少ないといえます。根抵当権は、債務の弁済がない場合に不動産を競売にかけて、その売却代金から優先的に弁済を受けることができるという点では、通常の抵当権と同じです。ただ、担保される債権の幅が広いため、根抵当権は通常の抵当権よりも債権者にとって非常に有利な担保権であるといえます。

　抵当権は特定の債権を担保するものなので担保されている債権が弁済されると、その役割を終えて消滅します。そして、同じ当事者の間で再び貸し借りがあっても再度抵当権設定契約を結んで登記する必要があります。これに対して、根抵当権はある特定の債権を担保するのではなく、一定範囲の債権をいくつも担保します。つまり根抵当権を設定すれば、個々の債権の発生と消滅のたびに担保権の登記を申請する手間が省け、また最初に登記されたときの順位も確保できるわけです。そのため、継続的に何種類もの債権債務が発生する関係にある当

事者の間で根抵当権を設定すると、債権者にとって有利であるのはもちろん、登記申請の手間や費用が省けるなどの点では債務者にとっても利益があるといえます。

● 根抵当権設定登記申請書の記載方法（書式７）

申請書の記載事項については、抵当権設定登記の申請の場合と異なる点がかなり多いところに注意してください。

・**登記の目的**

根抵当権設定とします。

・**原因**

根抵当権設定契約を結んだ年月日を記入します。「〇年〇月〇日設定」とします。根抵当権の場合、債権の発生と根抵当権の設定とは直接の関係はないので、抵当権設定登記の場合のように「〇年〇月〇日金銭消費貸借〇年〇月〇日設定」とすることはありません。

・**極度額**

この金額を限度として一定範囲の債権が担保されます。

・**債権の範囲**

根抵当権の設定にあたって最も重要な部分です。債権の範囲として定めた範囲に入る債権であれば、すべて極度額の範囲内でその不動産によって担保されることになるからです。債権の範囲の具体例については書式の「銀行取引　手形債権　小切手債権」のように複合的に定めることもできます。

・**課税価格**

極度額を記載します（1000円未満の端数があるときは、その端数は切り捨てます）。登録免許税は、課税価格（極度額）に1000分の４を掛けた金額です（100円未満の端数があるときは、その端数は切り捨てます）。

書式6　抵当権を設定する場合の登記申請書

登 記 申 請 書

登記の目的　　抵当権設定
原　　因　　　平成28年7月1日金銭消費貸借同日設定
債 権 額　　　金3000万円
利　　息　　　年3％
損 害 金　　　年14％
債 務 者　　　東京都目黒区××三丁目1番2号
　　　　　　　　　　鈴木　太郎
抵当権者　　　東京都目黒区○○二丁目1番地
　　　　　　　　　株式会社○○銀行
　　　　　　　（会社法人等番号　1234-56-789009）
　　　　　　　　　　代表取締役　宮本　真吾
設 定 者　　　東京都目黒区××三丁目1番2号
　　　　　　　　　　鈴木　太郎
添付書類
　　登記識別情報又は登記済証　登記原因証明情報　印鑑証明書
　　代理権限証書　会社法人等番号
登記識別情報（登記済証）を提供することができない理由
　　　□不通知　□失効　□失念　□その他（　　　　　　　）
□登記識別情報の通知を希望しません。

平成28年7月8日申請　東京法務局渋谷出張所
代理人　　東京都目黒区○○一丁目3番2号
　　　　　　　　司法書士　田中　良男　[職印]
　　　　　　　　連絡先の電話番号　03-3123-○○○○
課税価格　　金3000万円
登録免許税　金12万円
不動産の表示（省略）

書式7　根抵当権を設定する場合の登記申請書

登　記　申　請　書

登記の目的　　根抵当権設定
原　　　因　　平成28年7月1日設定
極　度　額　　金1000万円
債権の範囲　　銀行取引　手形債権　小切手債権
債　務　者　　東京都目黒区××三丁目1番2号
　　　　　　　　　鈴木　太郎
根抵当権者　　東京都目黒区○○二丁目1番地
　　　　　　　　　株式会社○○銀行
　　　　　　　　　（会社法人等番号　1234-56-789009）
　　　　　　　　　代表取締役　宮本　真吾
設　定　者　　東京都目黒区××三丁目1番2号
　　　　　　　　　鈴木　太郎
添付書類
　　　登記識別情報又は登記済証　登記原因証明情報　印鑑証明書
　　　代理権限証書　会社法人等番号
登記識別情報（登記済証）を提供することができない理由
　　　□不通知　□失効　□失念　□その他（　　　　　　　）
□登記識別情報の通知を希望しません。

平成28年7月8日申請　東京法務局渋谷出張所
代理人　　東京都目黒区○○一丁目3番2号
　　　　　　　司法書士　田中　良男　[職印]
　　　　　　　連絡先の電話番号　03-3123-○○○○
課税価格　　金1000万円
登録免許税　金4万円
不動産の表示
　　（省略）

4 根抵当権の変更・処分・元本確定と手続き

極度額や債権の範囲を変更した場合

● 根抵当権の内容を変えるとき

　根抵当権は、極度額を限度として一定の範囲内の債権を担保するもので、通常の抵当権よりも柔軟性に優れています。

　しかも、その設定の原因となっている取引関係に変更が生じたときには、それに沿った形で根抵当権の内容を変更することもできます。具体的には、極度額・債権の範囲・債務者などが変更できます。

　そして、内容の変更に伴って、いったんなされた登記についても変更する必要性があります。

　ただ、根抵当権の変更の内容によっては、その不動産に関する他の権利者に対しても影響を与える点に注意してください。

● 根抵当権の変更登記申請書の作成（書式８）

　設定登記と同じように、やはり、申請書を作成して提出します。申請書の記載事項にはたとえば次のようなものがあります。

・登記の目的

　「○番根抵当権変更」といったように、変更すべき根抵当権の順位番号を記載します。

・原因

　通常は、「○年○月○日変更」というように記載します。

・変更後の事項

　極度額・債権の範囲・債務者など、変更後の内容について記入します。債権の範囲や債務者を追加的に変更する場合は追加した内容だけでなく従前の内容もあわせて記載します。

第４章　新築・購入・ローンに関する登記

・権利者、義務者

　権利者と義務者の記入については、十分に注意する必要があります。設定登記のときと異なって、場合によって権利者と義務者が入れ替わるからです。

　権利者とは、登記がなされることによって利益を受ける者です。義務者とは、登記がなされることによって不利益を受ける者です。

　具体的には、明らかに根抵当権設定者が利益を受ける場合は、設定者が権利者で根抵当権者が義務者です。たとえば、極度額を減額したり債務者の人数が少なくなる場合です。

　それに対して、設定者と根抵当権者のどちらが利益を受けるのか必ずしも明らかでない場合や明らかに根抵当権者が利益を受ける場合は、根抵当権者が権利者で設定者が義務者となります。

・課税価格

　極度額の増額の場合は増加額を記入します（1000円未満の端数がある場合は、その端数は切り捨てます）。なお、登録免許税はこの課税価格の1000分の4となります。それ以外の変更の場合、登録免許税は不動産1個につき1000円です。

● 根抵当権の変更登記申請書の添付書類

　変更事項により添付書類は異なりますが、以下の点を知っておく必要があります。

・登記原因証明情報

　根抵当権の内容変更について契約書を交わし、一定の要素を満たしていれば、それが登記原因証明情報になります。報告形式の登記原因証明情報を使用する場合もあります。

・登記識別情報または登記済証、印鑑証明書

　登記識別情報または登記済証、印鑑証明書の添付については、場合によって異なるため十分に注意してください。根抵当権者が権利者で

ある場合は、義務者にあたる設定者が所有権の登記をした際の登記識別情報または登記済証と印鑑証明書を添付します。

設定者が権利者である場合は、義務者にあたる根抵当権者の根抵当権設定の登記識別情報または登記済証を添付します。印鑑証明書は不要です。

・**承諾書**

承諾書についても、十分に注意を払うようにしましょう。根抵当権設定の後に、その不動産に別の抵当権・根抵当権などが設定されていて、内容変更の登記をすることによってそれら後順位の担保権者が不利益を受ける場合は、そうした人々の承諾書の交付を受けて添付しなければなりません。たとえば、根抵当権の極度額を増額する場合、根抵当権が実行されて不動産が競売されたときに後順位の担保権者への配当が減少するので、それら後順位担保権者の承諾書が必要です。

また、変更する根抵当権に転抵当（抵当権や根抵当権を自分の債権者のために担保にすること）を設定している場合などは、極度額の減額変更について、転抵当権者の承諾書が必要です。なお、法人が当事者となる場合は、代表者の資格を証する書面を添付する必要がありますが、会社法人等番号を記載すれば、添付を省略することができます。

◉ 根抵当権処分の登記

根抵当権も通常の抵当権のように各種の処分をすることができます。

■ **おもな根抵当権の変更**

根抵当権の変更
- 極度額の増額・減額
- 債権の範囲の変更
- 債務者の変更

ただ、根抵当権の特殊性から、処分が制限されています。

たとえば、根抵当権の順位変更や転根抵当は、通常の抵当権と同じように自由にできますが、根抵当権のみの譲渡・放棄や根抵当権の順位の譲渡・放棄などは、元本確定の前には認められません。

● 元本確定の登記をする

根抵当権の特徴は、特定の債権ではなく一定の範囲の不特定の債権を担保することにあります。債権者と債務者との間で発生したり消滅する流動的な債権をまとめて担保するのが、根抵当権の特徴です。

しかし、根抵当権を設定した不動産が競売のために差し押さえられるなど一定の事由によって、根抵当権が担保する債権が具体的に特定されてしまうことがあります。これを**元本の確定**といいます。元本が確定すると、その後に債権の範囲に属する債権が発生しても、もはや根抵当権によって担保されなくなります。

「元本確定の登記」とは、根抵当権特有の登記であり、文字どおり、元本が確定した場合にするものです。

ただ、元本が確定した場合には、常にこの登記をしなければならないかというと、そうとは限りません。根抵当権の登記の中には、元本確定後でなければすることができない登記があります。たとえば、根抵当権の被担保債権を弁済した場合の根抵当権の抹消登記です。こうした場合に、その前提として、元本確定の登記をしなければならないことがあります。

元本確定後でなければすることができない登記をする場合であっても、前提としての元本確定登記が不要なケースもあります。それは登記記録上、元本の確定が明らかな場合です。たとえば、根抵当権ではあらかじめいつ元本が確定するかを決めておき、これを「確定期日」として登記できますが、確定期日が登記されていて、この日が到来しているのであれば、わざわざ元本確定の登記をする必要はありません。

書式8　根抵当権の変更登記申請書

登　記　申　請　書

登 記 の 目 的　　１番根抵当権変更
原　　　　因　　平成28年７月27日変更
変更後の事項　　極度額　金２０００万円
権　利　者　　東京都目黒区○○二丁目１番地
　　　　　　　　株式会社○○銀行
　　　　　　　　（会社法人等番号　1234－56－789009）
　　　　　　　　代表取締役　宮本　真吾
義　務　者　　東京都目黒区××三丁目１番２号
　　　　　　　　鈴木　太郎
添 付 書 面　　登記原因証明情報　登記識別情報　会社法人等番号
　　　　　　　　代理権限証明情報　印鑑証明書　承諾証明情報

平成28年８月29日申請　東京法務局渋谷出張所
代　理　人　　東京都目黒区○○一丁目３番２号
　　　　　　　司法書士　田中　良男　[職印]
　　　　　　　連絡先の電話番号　０３－３１２３－○○○○
課 税 価 格　　金１０００万円
登録免許税　　金４万円

不動産の表示
（省略）

抵当権の抹消登記手続き

借入金を完済したら抵当権の抹消登記をする

● 抵当権の抹消登記とは

通常、不動産を購入したときのローンは完済まで長い期間がかかります。ただ無事に完済した場合でも、それだけで安心してはいけません。設定していた抵当権の抹消登記をする必要があるからです。

抵当権は、債権の回収を確実にするために担保として設定されたものですから、債務が無事に完済されれば当然に役目を終えて消滅します。消滅した抵当権について登記を残しておくことは意味がありませんし、後述するような不都合もありますから、登記を消す必要があります。そこで、抵当権の抹消登記を行うのです。

● 登記に必要な書類とは

ローンを完済すると金融機関からは、抵当権抹消のために必要な書類が交付されることになっています。金融機関から交付される書類に抹消登記に必要なものが揃っているかどうか、念のため確認してみてください。書類を確認した後は、速やかに抵当権を抹消しましょう。抵当権抹消登記申請に必要な添付書類として以下のものがあります。

① 登記原因証明情報

抵当権解除証書あるいは報告形式の登記原因証明情報などです。抵当権解除証書は、融資の完済後、抵当権者である金融機関などから交付されます。

② 登記識別情報または登記済証

抵当権設定登記をしたときに抵当権者に交付された登記識別情報または登記済証です。たとえば管轄法務局がオンライン申請できる法務

局になってからはじめて、その登記義務者がその不動産について申請をする場合などであれば登記済証を、そうでなければ登記識別情報を添付します。登記識別情報は封筒に入れて提出します。

③　変更証明書

抵当権設定登記後に、抵当権者の本店所在地や住所・氏名・商号などに変更がある場合には、それを証明するために変更の経過が記載されている書類が必要です。住民票や登記事項証明書が変更証明書となります。

④　会社法人等番号または資格証明書

登記権利者または登記義務者が法人の場合は、原則として申請書に会社法人等番号を記載します。

⑤　委任状

司法書士などを代理人として申請する場合には、申請人が司法書士などに委任したことを証する委任状を添付しなければなりません。委任状への押印は登記権利者・義務者とも認印でかまいません。

抵当権抹消登記は自分でできる

抵当権抹消登記は、登記申請のなかではあまり複雑ではないもののひとつであり、所有権移転登記や抵当権設定登記ほどには急いで申請すべきものでもないので自分で申請することも十分可能だといえるでしょう。専門家である司法書士に依頼しても通常、1万円〜3万円程度の費用ですみます。

抵当権抹消登記は、それほど急いで申請しなくてもかまわないと書きましたが、それでも債務を完済したら早目に申請した方がよいでしょう。放置している間に抵当権者である金融機関が消滅したり、委任状を発行した代表者が変わってしまうこともあります。

抵当権者が個人の場合、長期間放置している間に所在不明になってしまう可能性もあります。また、抵当権者が死亡した場合、相続人全

員の協力が必要になります。相続人が多数の場合や相続人の一部が行方不明の場合には、非常な困難がつきまとうことになります。

さらに、以前の抵当権設定登記が残っている場合、あらたに金融機関から融資を受けるときの障害となります。債務が完済されて実質的は抵当権が消滅していたとしても登記が残っている場合、金融機関としては自分の抵当権が後順位になると判断せざるを得ないからです。

こうした場合、どうすればよいかの判断は素人には難しく、司法書士などの専門家に依頼せざるを得なくなります。

● 抵当権の抹消をするには（書式9）

抵当権抹消登記申請書の作成上の注意点は以下の通りです。

・登記の目的

まず、登記の目的を記載します。乙区の何番の登記を抹消するのかを示して、「○番抵当権抹消」と書きます。土地と建物で抵当権の番号が異なる場合は、「抵当権抹消（順位番号後記のとおり）」と表示して、「不動産の表示」欄の「地番」または「家屋番号」の各「○番」の後に「（順位○番）」、と書きます。

抹消する抵当権を、受付年月日および受付番号で表示してもかまいません。この場合、登記の目的は単に「抵当権抹消」と書けば足ります。

・原因

「原因」については、登記原因と抵当権が消滅した日を記載します。

登記原因には、抵当権が担保する被担保債権（住宅ローンであれば金銭消費貸借契約に基づく金銭債権）が全額の返済を受けた場合に用いる「弁済」の他、抵当権設定契約を解除することにより抵当権が抹消する場合の「解除」、抵当権設定契約を放棄することによって抵当権が抹消する場合に用いられる「放棄」などがあります。

弁済証書（書式10）や解除証書など登記原因証明情報に書かれている文言を確認し、これと一致するように記載します。

・権利者、義務者

「原因」の下に、登記権利者（抵当権設定者）の住所・氏名（または名称）、登記義務者（抵当権者）である銀行等の主たる事務所の所在地・商号・代表者の氏名を記載します。このとき、会社法人等番号を記載すれば、代表者資格情報の添付は不要です。個人の場合は、住所・氏名を記載します。権利者（当該不動産の所有者）の住所・氏名（名称）は、登記簿上の記載と一致していなければなりません。一致していない場合は、事前に登記簿上の住所、氏名（または名称）を現在のものに変更する必要があります。

また、義務者（抵当権者）の記載が登記簿上の記載と一致していない場合は、登記簿上の住所と現在の住所へと至るつながりが確認できる住民票の写しや、登記事項証明書（法人の場合）を添付しなければなりません。

・登録免許税

登録免許税は不動産１つにつき1000円です。

● 共有者の一人が抵当権の抹消をするには（書式11）

抵当権が設定された不動産が共有の場合、共有者の一人を権利者、抵当権者を義務者として抵当権抹消登記を申請することができます。

登記の申請は共有者全員で行うのが原則ですが、抵当権の抹消は不動産の共有者全員にとって利益となる保存行為（物の現状の価値を維

■ 抵当権の設定から抹消まで

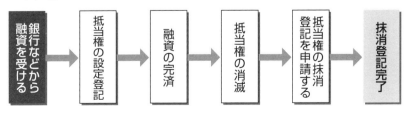

持する行為のこと）にあたることから、共有者の一人が単独で行うことができるとされています。なお、登記義務者となる抵当権者が複数名いる場合は、全員が協力して登記申請をする必要があります。

登記申請書の作成については、共有者の一人が権利者となる場合であっても、申請書には共有者全員の氏名、住所を記載する必要があります。このとき申請人となる者の氏名の前に（申請人）と記載します。

● 根抵当権抹消登記申請書の作成のしかた（書式12）

申請書の作成方法は抵当権抹消の場合とほとんど同じです。

・登記の目的

登記の目的として抹消する根抵当権の順位番号を示し「○番根抵当権抹消」と記載します。

・原因

登記の原因は個々のケースごとに異なりますが、根抵当権の場合、抵当権とは異なり個々の債権が弁済されただけでは消滅しないこともあり、「解除」を原因とするケースが多いでしょう。

・権利者、義務者

根抵当権の抹消により、利益を得るのは不動産所有者、不利益を受けるのは根抵当権者であるため、権利者として不動産の所有者の住所・氏名、義務者として根抵当権名義人の住所・氏名を記載します。

当事者が会社の場合には、会社法人等番号を記載して、添付書類欄に「会社法人等番号」と記載します。添付書類は、根抵当権者の登記識別情報（または登記済証）と、登記原因証明情報（解除証書のこと）です。

・登録免許税

登録免許税は、抵当権の場合と同様に、不動産１つにつき1000円です。

書式9　抵当権を抹消する場合の登記申請書

<pre>
                        ┌─────────────┐
                        │   │
                        │   │
                        │   │
                        └─────────────┘

                     登　記　申　請　書

登記の目的　　　　１番抵当権抹消
原　　因　　　　　平成28年７月27日弁済
権　利　者　　　　東京都目黒区××三丁目１番２号
　　　　　　　　　　　鈴木　太郎
義　務　者　　　　東京都目黒区○○二丁目１番地
　　　　　　　　　　　株式会社○○銀行
　　　　　　　　　　（会社法人等番号　1234－56－789009）
　　　　　　　　　　　代表取締役　宮本　真吾
添付書類
　　登記識別情報又は登記済証　登記原因証明情報　代理権限証書
　　会社法人等番号
登記識別情報（登記済証）を提供することができない理由
　　　□不通知　□失効　□失念　□管理支障　□取引円滑障害
　　　□その他（　　　）　□登記識別情報の通知を希望しません。

平成28年８月５日申請　東京法務局渋谷出張所
申請人兼義務者代理人　　東京都目黒区××三丁目１番２号
　　　　　　　　　　　　　鈴木　太郎　㊞
　　　　　　　　　連絡先の電話番号００－１２３４－００００

登録免許税　金１，０００円
不動産の表示
　　　（省略）
</pre>

第４章　新築・購入・ローンに関する登記

書式10 弁済証書

弁 済 証 書

平成28年7月27日

東京都目黒区○○二丁目1番地
株式会社○○銀行
代表取締役　宮本　真吾　㊞

　平成21年3月18日東京法務局渋谷出張所受付第518号をもって登記された本件不動産の抵当権の被担保債権は、平成28年7月27日に全額弁済された。
　よって、同日、本件抵当権は被担保債権の弁済により消滅した。

不動産の表示
　　所　　在　東京都目黒区××三丁目
　　地　　番　1番2号
　　地　　目　宅地
　　地　　積　120.78㎡

　　所　　在　東京都目黒区××三丁目1番地2
　　家屋番号　1番2
　　種　　類　居宅
　　構　　造　木造瓦葺二階建
　　床　面　積　1階　50.28㎡
　　　　　　　　2階　30.11㎡

書式11　抵当権抹消登記申請書（共有者の1人による申請）

登　記　申　請　書

登 記 の 目 的　　1番抵当権抹消
原　　　　因　　平成28年7月27日　弁済
権　利　者　　東京都目黒区××三丁目1番2号
　　　　　　　　（申請人）鈴木　太郎
　　　　　　　　東京都目黒区××三丁目1番2号
　　　　　　　　　鈴木　咲子
義　務　者　　東京都目黒区○○二丁目1番地
　　　　　　　　株式会社○○銀行
　　　　　　　　（会社法人等番号　1234-56-789009）
　　　　　　　　代表取締役　宮本　真吾
添 付 書 面　　登記原因証明情報　登記識別情報　会社法人等番号
　　　　　　　　代理権限証明情報

平成28年8月29日申請　東京法務局渋谷出張所
申請人兼義務者代理人　東京都目黒区××三丁目1番2号
　　　　　　　　　鈴木　太郎　㊞
　　　　　　　　連絡先の電話番号　03-1234-○○○○

登録免許税　金1,000円

不動産の表示
（省略）

書式12　根抵当権を抹消する場合の登記申請書

登　記　申　請　書

登記の目的　２番根抵当権抹消
抹消する登記　平成24年７月10日受付第5678号根抵当権
原　　　因　平成28年７月27日解除
権　利　者　東京都杉並区××一丁目２番３号
　　　　　　　甲野　一郎
義　務　者　東京都港区××一丁目２番３号
　　　　　　　株式会社○○銀行
　　　　　　　（会社法人等番号9876－54－321098）
　　　　　　　代表取締役　乙野　花子
添付書面　登記原因証明情報　登記識別情報　会社法人等番号
　　　　　代理権限証明情報
登記識別情報（登記済証）を提供することができない理由
□ 不通知□ 失効□失念□管理支障□ 取引円滑障害□ その他（　　）

平成28年８月５日申請　東京法務局杉並出張所
申請人兼義務者代理人　東京都杉並区××一丁目２番３号
　　　　　　　　　　　　甲野　一郎　㊞
連絡先の電話番号　００－００００－００００
登録免許税　金１，０００円
不動産の表示
　所　　在　東京都杉並区××一丁目
　地　　番　２番３
　地　　目　宅地
　地　　積　１４５．９５㎡

第5章
相続にかかわる登記

不動産を相続した場合の登記手続き

相続の登記は相続人間の話し合いがついたら早目に行う

● 不動産を相続した場合には所有権移転登記を申請する

　親や配偶者などが死亡して土地などの不動産を相続した場合、相続による所有権移転登記を行います。

　相続とは、被相続人が死亡したことによって被相続人のプラスの財産（不動産、預貯金など）とマイナスの財産（借金など）が包括的に相続人に移転することです。売買や贈与は包括的ではなく個別的に財産が移転するので、この点が相続と最も異なります。相続が開始するのは被相続人が死亡した時点ですので、被相続人の死亡時以後、相続による所有権移転登記の申請ができることになります。

　相続登記は意外に行われておらず、死亡した人の名義のまま登記されていることも少なくないのが現実です。これは、相続による所有権移転登記に限らず、不動産登記はいつまでに申請しなければならないという法律上の期限がないために、必ずしもすぐに行う必要がないことからずるずると登記しないままにしていたり、相続人間で遺産についての紛争が生じているために権利関係が確定しないといった事情が背景にあります。

　ただ、あまり長期間登記をそのままにしておくと、まれにですが相続人の１人が勝手に相続登記をして不動産を処分してしまい紛争になるケースもあります。トラブルにはならないまでも、何十年も経過してしまうと、相続人たちが死亡してその人たちについて相続が発生し、関係者全員を探そうとしても見つからず、スムーズに登記ができなくなるといった事態も考えられます。

　したがって、相続が発生したら、なるべく早く相続による所有権移

転登記をする方がよいでしょう。

● 誰が相続人であるかを明確にする

相続による所有権移転登記を申請する場合、準備として一番重要なことは相続関係を明確にしてそれを証明する書類を集めることです。

相続関係を証明するためには、被相続人の現在の戸籍謄本を提出するだけでは足りません。被相続人の現在の戸籍謄本には、相続人が全員記載されているとは限らないからです。被相続人の現在から過去へと戸籍を遡らなければなりません。つまり、被相続人の出生時（または12 〜 13歳頃）から死亡までの戸籍謄本や除籍謄本、改製原戸籍謄本などを準備することになります。これに加えて相続人全員の戸籍謄本が必要になります。

被相続人の戸籍を遡るとき、現在の戸籍に記載されている転籍や改製の記録を頼りに順次、現在から過去へと調査していくことになります。

相続関係を証明する書類がそろって相続関係を確定できさえすれば、その後の登記申請手続きはそれほど手間がかかりません。登記義務者もいませんので相続人だけで登記申請ができます。

● 相続人が複数いるときの相続分はどうなるのか

相続人が２人以上いる場合、相続人の受ける相続財産の割合を相続分といいます。自分の財産をどのように処分するかは基本的には被相続人の自由ですので、相続分は遺言などにより相続分を決めることができます（指定相続分といいます）。

遺言というと「今までありがとう」「兄弟仲良く」など、感謝の言葉を想像してしまうかもしれませんが、法律上はこのような記載にあまり意味はありません。

法律上は、財産や相続人に関する記載が重要です。遺言の内容で法的に有効とされるものには、遺贈や相続人の指定や廃除、相続分の指

定、遺産分割の方法や分割禁止期間の指定などがあります。また、遺言での認知も認められています。これらの事項が遺言書に記載されていた場合、法的な効果をもつことになります。

● 遺言などで相続人の相続分を決めなかった場合の相続分

遺言などで相続人の相続分を決めなかった場合、相続分は民法に定められた割合に従って決まります（法定相続分）。

法定相続分は、実際に相続人になったメンバーによって変化します。組み合わせにより、法定相続分もいろいろと定められているのです。以下のようなパターンがあります。

① 配偶者と子が相続人の場合

配偶者の相続分は相続財産の2分の1、子の相続分も相続財産の2

■ 相続人の範囲

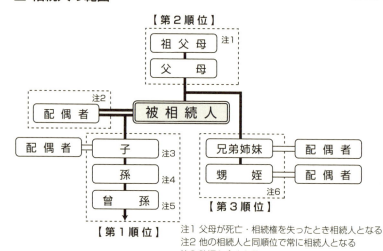

注1 父母が死亡・相続権を失ったとき相続人となる
注2 他の相続人と同順位で常に相続人となる
注3 胎児も含まれる
注4 子が死亡・相続権を失ったとき相続人となる
注5 孫が死亡・相続権を失ったとき相続人となる
　　孫以降代襲は続く
注6 兄弟姉妹が死亡・相続権を失ったとき相続人となる。
　　被相続人を代襲するのは甥、姪まで

■ 遺言書作成の仕方

遺言書

> 遺言書とわかるようにはっきりと「遺言書」と書きます

　遺言者○○○○は本遺言書により次のとおり遺言する。

1　遺言者は妻○○に次の財産を相続させる。

> 相続人に対しては「相続させる」、相続人以外に対しては「遺贈する」と書きます

　①　遺言者名義の土地

　　所在　静岡県伊東市一碧湖畔二丁目

　　地番　25番

　　地目　宅地

　　地積　100.25㎡

> 土地や建物の表示は登記簿に記載されている通りに記載します

　②　○○銀行○○支店遺言者名義の定期預金（口座番号×××××）すべて

> 受遺者の氏名、生年月日、遺贈する財産を記入します

2　遺言者は、東村和子（東京都世田谷区南玉川１−２−３、昭和30年８月23日生）に、遺言者の東都銀行玉川支店の普通預金、口座番号1234567より金弐百万円を遺贈する。

3　その他遺言者に属する一切の財産を妻○○に相続させる。

> 金銭の場合には支店名・口座番号も記載しておきます。改ざんを防ぎたい場合には算用数字より多角文字を使用した方がよいでしょう

4　本遺言の遺言執行者として次の者を指定する。

> 具体的に記載しなかった財産の相続人についても記載しておきます

　　住所　東京都○○区○○町○丁目○番○号

　　氏名　○○○○

> 遺言執行者を指定する場合には遺言執行者の住所・氏名を書きます

5　付言事項

　　妻○○は、苦しい時代にも愚痴ひとつこぼさず、ひたすら遺言者を支え続け、子どもたち２人を立派に育ててくれた。子供たち２人はこれからも、お母さんの幸せを温かく見守ってやってほしい。

> 家族への思いなどについては、最後に「付言事項」として書き残します

平成○○年○月○日

　　　　　　　　　　　　東京都○○区○○町○丁目○番○号

　　　　　　　　　　　　　　遺言者　　○○○○　㊞

> 作成日付・遺言者の住所・氏名を、正確に記載し、押印します

分の1となります。子が複数いる場合は2分の1を子の人数で割って分けます。なお、以前は非嫡出子の相続分が嫡出子の半分でしたが、民法改正により平成25年9月5日以後に開始した相続では同等の割合とすると定められました。相続開始前に死亡した配偶者や子は、子の代襲相続人がいない限り、相続とは関係ありません。配偶者が相続放棄をすれば相続人は子だけとなり、子だけが全部を相続します。

② 配偶者と直系尊属が相続人の場合

　子が放棄をすれば、血族の順位が変わり、配偶者と直系尊属が相続人となります。

　配偶者が相続財産の3分の2、残りの3分の1を直系尊属が受け、直系尊属が2人以上いる場合は、3分の1を人数分で均等分割します。

③ 配偶者と兄弟姉妹が相続人の場合

　配偶者は相続財産の4分の3、残りの4分の1を兄弟姉妹で分け合いますが、半血（父母の一方だけが同じ）の兄弟姉妹は、全血（父母の双方が同じ）の兄弟姉妹の半分です。

● 相続放棄とは

　相続財産には積極財産と消極財産、言い換えればプラスの財産（土

■ 法定相続分について

<配偶者>		<血族>
第1順位		
配偶者 相続分 $\frac{1}{2}$	相続分 $\frac{1}{2}$	直系卑属
第2順位		
配偶者 相続分 $\frac{2}{3}$	相続分 $\frac{1}{3}$	直系尊属
第3順位		
配偶者 相続分 $\frac{3}{4}$	相続分 $\frac{1}{4}$	兄弟姉妹

地や金銭、宝石など）とマイナス財産（借金など）があります。相続する以上は、プラスとマイナスの両方を相続することになります。

しかし、場合によっては数千万円の借金を相続することもあり、相続することがかえって相続人に負担になるケースも多くあります。そこで、民法は相続財産を受け入れるか否かを、相続人の自由な選択にまかせることにしています。

債務はもちろん相続財産の受入れを一切拒否することを相続の放棄といいます。相続の放棄をする場合、原則として相続の開始を知ったときから3か月以内に相続放棄の申述書（書式1）を被相続人の最後の住所地を管轄する家庭裁判所に提出します。

● 相続登記はどんな場合にするのか

相続登記のパターンとしては次の①、②があります。
① 相続財産のうち、土地や建物などの不動産の所有権について共同相続人が法定相続分のとおり相続することになった場合
② 共同相続人同士で遺産分割の協議をした結果、あるいは被相続人が残した遺言書の内容に従って、特定の不動産の所有権を、特定の相続人が相続したり、法定相続分とは異なる割合で相続することになった場合

これらの場合には相続人の住所・氏名（共有の場合は各人の持分）と相続の年月日を、その不動産の登記記録に登記するための申請をします。

登記申請は、申請人である相続人が法務局に書類を持参するか、郵送して行います。オンライン申請の場合、すべての情報が電子化されていなければなりません。相続による所有権移転登記の場合、どうしても「紙」の情報が必要なので、現時点では事実上、オンライン申請は不可能です。自分で申請できない場合などには、司法書士などの代理人を立てて申請しましょう。

共同相続の登記では、共同相続人全員で申請しなければなりません。しかし、共同相続人の全員のために法定相続分どおりにする登記申請であれば、相続人のうちの1人が申請人となり、登記申請をすることができます。このような、法定相続分どおりの相続登記をしておくことで、相続人の1人が必要書類の偽造などを行い、自分1人の登記名義にした上で第三者に譲渡するといった危険を防ぐことができます。

● 遺産分割協議に従って登記する

相続人が1人しかいないケースというのはまれで、相続人が複数いるのが普通です。そのような場合、一般的に、法定相続分で登記するケースよりも、特定の相続人が単独である不動産の所有権を取得したり、あるいは法定相続分とは異なる割合で相続することの方が多いといえるでしょう。

遺産分割協議とは、相続人の間で相続財産を誰がどのように相続するかを決める話し合いのことです。どうしても相続人間での話し合いがつかず、遺産分割協議が暗礁に乗り上げたときは、家庭裁判所に遺産分割の調停を申し立てることができます。調停とは、家庭裁判所が間に入って柔軟に協議をとりまとめるための制度です。調停で話がつかなければ訴訟で決着をつける他ないでしょう。

遺産分割協議後に相続登記を申請する場合、まず、民法の規定どおりの相続分に従って相続の登記を行い、その後、相続人間の遺産分割協議の結果に沿った、分割後の持分による登記をするというのが、本来の順序です。ただ、これでは二度手間ですから、直接、遺産分割協議の結果どおりに相続による所有権移転登記を申請する方法も認められており、通常はこの方法をとります。

遺産分割協議の内容に従って相続登記をする場合は、戸籍謄本などをそろえる以外に、遺産分割協議の結果を記載した遺産分割協議書を作成する必要があります。遺産分割協議書には、被相続人や相続人の

表示、協議の内容、不動産の表示などを記載して、相続人全員が署名（記名）し、実印を押します。これに印鑑証明書を添付して、戸籍謄本などと一緒に提出することになります。

遺産分割協議が成立して書面も作成できたら、速やかに登記申請をすませましょう。売買によって所有権を取得した場合などと同じように、登記しなければ、遺産分割協議の内容に従って所有権を取得したことを第三者に対して主張することができないからです。

● こんな紛争が起こる可能性がある

遺産分割協議をしたものの相続登記を放置した場合のトラブルの例を挙げておきましょう。

たとえば、Aが死亡し、その相続人は2人の子供BとCだけで、彼らがAの土地を相続したとします（法定相続分は2分の1ずつ）。BC間で遺産分割協議が成立し、土地をBが単独で相続することになりました。しかし、その登記がなされる前に、Cが単独で自分に所有権移転登記をして、第三者Dに土地を売却してしまいました。この場合、土地所有権のうちBの相続分（法定相続分2分の1）については、Dは取得できませんが、Cの相続分（法定相続分2分の1）についてはBはDに主張できず、Dが取得することになります。つまり、Bは遺産分割協議で土地全部の所有権を取得したはずなのに、もはや2分の1の所有権しか持つことができないのです。このような事態を避けるためにできるだけ早く登記しておくべきだといえます。

● 遺産分割協議はやり直すことができるのか

遺産分割協議は、相続人全員がそれぞれ法定相続分や遺言で指定された相続分を知っているということを前提として行われるものです。

また、協議内容は法定相続分や指定相続分からかけ離れたものであってもかまいません。そのようにして成立した遺産分割協議は、

いったん成立すれば契約と同じように効力が生じ、やり直しを主張することはできません。たとえ、協議後に相続人の債務不履行などがあっても、協議の解除は認められないというのが判例です。協議からもれた遺産がある場合には、通常、従来の協議を有効としたままで、そのもれた遺産について別の協議をすることになります。ただ、共同相続人全員の合意で協議の全部または一部を解除し、改めて分割協議を成立させることはできます。

相続人でない者を加えた分割や相続人の一部を除いた遺産分割協議は、無効ですから、改めて協議をしなければなりません。遺言による包括受遺者がある場合も、その者を除いて行われた分割協議は無効です。

相続発生後、死後認知の請求によって新たに被相続人の子となった者がいる場合、その者を加えて遺産分割協議をしなければ無効になります。ただし、遺産分割協議後に認知された場合、その者は自己の相続分に相当する価額の支払いを請求できるだけです。

● 特別受益証明書には注意

「特別受益証明書」を添付して、相続登記がなされる場合もしばしばあります。

特別受益証明書とは、被相続人が死亡する前に相続人が相続分を超える財産を受け取っている場合などに、相続にあたって相続分がないことを証明するための書面です。

特別受益証明書を1人を除いた相続人各人が作成すると、結局、遺産分割協議をしたのと似たようなことになり、1人の相続人だけのための相続登記をすることができます。

書式1　相続放棄申述書（20歳以上）

相続放棄申述書

（この欄に収入印紙800円分をはる。）

（はった印紙に押印しないでください。）

受付印

収入印紙　　　　円
予納郵便切手　　円

準口頭　　関連事件番号　平成　　　年（家　）第　　　　号

東　京　家庭裁判所　御中　平成　27　年　6　月　1　日	申述人（未成年者などの場合は法定代理人）の署名押印　　山口　浩二　㊞

添付書類　申述人・法定代理人等の戸籍謄本　2　通　　被相続人の戸籍謄本　1　通

申述人

- 本籍：東京 ㊞道府県　渋谷区大山町○丁目○番地
- 住所：〒151-0000　電話03（○○○○）○○○○　東京都渋谷区大山町○丁目○番○号　（　　　方）
- フリガナ　ヤマグチ　コウジ　氏名　山口　浩二　　大正・㊐昭和・平成　44年　1月16日生　職業　会社員
- 被相続人との関係：被相続人の…※　①子　2 孫　3 配偶者　4 直系尊属（父母・祖父母）　5 兄弟姉妹　6 おいめい　7 その他（　　）

法定代理人

※　1 親権者　2　3 後見人
- 住所：〒　-　電話（　）（　　方）
- フリガナ　氏名　／　フリガナ　氏名

被相続人

- 本籍：東京 ㊞道府県　渋谷区大山町○丁目○番地
- 最後の住所：申述人の住所と同じ　　死亡当時の職業：無職
- フリガナ　ヤマグチ　ヒサシ　氏名　山口　久　　平成27年 4月15日死亡

（注）太枠の中だけ記入してください。※の部分は、当てはまる番号を○で囲み、被相続人との関係欄の7、法定代理人等欄の3を選んだ場合には、具体的に記入してください。

第5章　相続にかかわる登記

申　立　て　の　趣　旨
相 続 の 放 棄 を す る 。

申　立　て　の　理　由

※ 相続の開始を知った日………平成 **27**年 **4**月**15**日
　　①　被相続人死亡の当日　　　　3　先順位者の相続放棄を知った日
　　2　死亡の通知をうけた日　　　　4　その他（　　　　）

放　棄　の　理　由	相　続　財　産　の　概　略		
※ 1　被相続人から生前に贈与を受けている。 2　生活が安定している。 3　遺産が少ない。 4　遺産を分散させたくない。 ⑤　債務超過のため。 6　その他（　　　　）	資 産	農地……約　　　平方メートル 山林……約　　　平方メートル 宅地……約　　　平方メートル 建物……約　　　平方メートル	預　金 預貯金 ……約 **200** 万円 有価証券……約 **300** 万円
	負　債………………約　　　**2,000**　万円		

（注）太枠の中だけ記入してください。※の部分は、当てはまる番号を○で囲み、申述の実情欄の4、放棄の理由欄の6を選んだ場合には、（　　　）内に具体的に記入してください。

相続登記の申請と書類の提出

相続関係説明図を添付すれば原本還付が受けられる

● 申請にはどんな書類が必要か

申請には、以下の書類が必要になります。

① 登記申請書

「相続」という登記原因、相続発生の年月日、相続人の住所・氏名といった登記事項などを記載します。

② 登記原因証明情報

相続を登記原因とする所有権移転登記を申請するために、登記原因証明情報として、戸籍・除籍などの謄抄本と遺産分割協議書などが必要です。遺産分割協議書には原則として相続人全員の印鑑証明書を添付します。

③ 住所証明書

相続人の実在性を証明するために、市区町村の発行した住民票の写しを登記申請書に添付します。市区町村の発行した印鑑証明書でもかまいません。

④ 代理権限証書

相続人に代わって司法書士などの代理人が登記申請を行う場合には、代理権を証する書面として委任状を添付します。

代理人の住所・氏名を記入し、相続による所有権移転登記を委任する旨、不動産の表示などを記入します。作成の年月日を忘れないように記入しましょう。最後に委任者の住所・氏名を記入し、押印します。

⑤ 固定資産評価証明書

登記申請書には、登録免許税の額と課税価格（登録免許税を算出する課税対象となる不動産の価額）の1000円未満を切り捨てた額を記載

第5章 相続にかかわる登記

します。登記申請書に記載する課税価格は、地方税法による固定資産税課税台帳に登録された不動産の価額をもとに計算しますので、市区町村の発行する評価証明書を登記申請書に添付しなければなりません（添付する必要がない法務局もあります）。

● 登録免許税の納付

　登記申請時には登録免許税を納めます。登録免許税を納付しない登記の申請は、却下されます。現金で納付し、領収証書を登記申請書に貼り付けて申請するのが原則ですが、印紙納付も認められています。

　現金納付の方法による場合には、郵便局など指定の納付場所で納付し、その領収証を登記申請書に貼り付けて法務局に提出します。印紙納付の場合には、登録免許税に相当する金額の収入印紙を登記申請書に貼り付けて法務局に提出します。申請書に貼り付ける余白のない場合は、別の白紙（台紙）に貼り付けて、申請書にとじ込み、申請書と台紙との綴り目に申請人が契印（綴り目に印を押すこと）してください。相続による所有権移転登記の登録免許税は、課税価格に1000分の4の税率を乗じて算出します。算出した金額について100円未満の端数がある場合には、その端数を切り捨てた金額が登録免許税となります。相続登記の税率1000分の4を乗じて1000円に満たないときの登録免許税は1000円とするものとされています。

● いろいろな登記原因証明情報をそろえる必要がある

　「相続」という登記原因が発生したことを証明するためには、まず被相続人が死亡した旨の記載のある戸籍謄本が必要となります。しかし、これだけでは十分ではなく、以下のような書面が必要です。

① 　戸籍謄（抄）本と除籍謄本など

　被相続人については、死亡した旨の記載のある戸籍謄本及びそこから遡って出生時または12〜13歳頃までの戸籍謄本や除籍謄本、改製

原戸籍謄本などが必要です。これによって相続人の全員が誰なのかがわかります。つまり、これらの戸籍謄本などを添付することによって、法定相続分による登記であれば、法定相続人の全員である「誰々」に「これこれ」「こういう」相続分で相続された、ということが証明され、また遺産分割協議に基づく登記をする場合であれば、遺産分割協議に参加したのが相続人全員である、ということが証明されます。

また、相続人全員が実在していることを証明するために、相続人全員の戸籍謄本を添付することも必要です。

② 被相続人の除住民票の写し（または戸籍の附票）

相続による所有権移転登記は、不動産の所有者について相続という登記原因が発生した場合に行うことができるものです。そこで、登記記録上の所有者と被相続人が同一人物であることを証明するために、被相続人の除住民票の写しや戸籍の附票などを提供しなければなりません。登記記録上の所有者の住所・氏名と被相続人の住所・氏名が同一であることをこれらの書類で証明するわけです。

また、住民票上の人物が戸籍謄本に記載された人物と同一であることを証明するために、住民票の写しは本籍が記載されたものでなけれ

■ 登録免許税の例

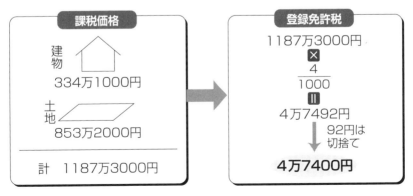

ばなりません。除住民票の写しや戸籍の附票に記載された被相続人の最後の住所と登記記録上の住所が異なる場合には、登記記録上の住所から最後の住所までの連続性を証する書面を提供する必要があります。

③　遺産分割協議書

　遺産分割協議の内容に従って相続登記をする場合は、協議内容を証明するために遺産分割協議書を登記原因証明情報の一部として提供しなければなりません。また、遺産分割協議書には原則として相続人全員の印鑑証明書を添付することが必要です。遺産分割が家庭裁判所の審判か調停によって行われたときは、その審判書か調停調書の正本を添付します。

④　相続分のないことの証明書（特別受益証明書）

　被相続人から生前贈与や遺贈を受けた相続人（特別受益者）は、本来の相続分を受けることができない場合があります。生前贈与や遺贈をされた財産の価値が、その人の相続分の価値と同じか、または相続分を超えている場合には、相続分を受けることができません。この場合、相続分のないことの証明書（特別受益証明書）を登記原因証明情報の一部として提供します。証明書には、証明者が署名（記名）押印します。この場合の押印は実印でする必要があり、印鑑証明書も必要です。この証明書には、特別受益者であって相続分のないこと、作成年月日、特別受益者の住所及び氏名を記載します。

　なお、特別受益者がいるからといって、必ず特別受益証明書を作成しなければならないわけではありません。遺産分割協議の中で特別受益者が何も相続しない旨を定めれば、それで足りる場合もあります。

⑤　相続放棄申述受理証明書

　相続人の中に相続を放棄した者がいる場合、その者は最初から相続人ではなかったことになります。したがって、相続人の全員が誰であるかを証明する書類の一部として、家庭裁判所から交付された「相続放棄申述受理証明書」を提供します。

⑥ 遺言書

　相続分の指定、遺産分割方法の指定、相続人の廃除は遺言でできます。遺言書に基づいて相続による所有権移転登記を申請する場合は、遺言書も登記原因証明情報の一部となります。

⑦ 相続関係説明図

　戸籍謄本や除籍謄本などについて原本還付を請求する場合、相続関係説明図を作成して、これを申請書に添付すれば、戸籍謄本などは登記完了後に返却されます。遺産分割協議書や住所証明書の原本還付を受けるには、コピーを添付する必要があります。相続関係説明図には、被相続人の本籍や最後の住所、被相続人の死亡年月日、相続人それぞれの生年月日、住所などを記載し、被相続人と相続人それぞれとの関係、相続の内容（法定相続か遺産分割か、相続人に放棄者または特別受益者がいるかなど）などを盛り込んで作成します。

● 申請書類を整理しておく

　申請書や添付書類の大きさ、綴じ方は法律で決められているわけではありませんが、現在ではＡ４横書きで作成し、左側を綴じるのが一般的です。申請書を作成し、添付書類がそろったら、再度書き残しや

■ 相続による所有権移転登記の添付書面

登記原因証明情報

| 被相続人の出生から死亡までの連続した戸籍（除籍・改製原戸籍）謄本 |
| 被相続人の住民票の除票（本籍地の記載があり、死亡の記載があるもの） |
| 相続人の現在戸籍 |

遺産分割協議	遺産分割協議書 ＋ 相続人全員の印鑑証明書
遺言	公正証書遺言 自筆証書遺言 ＋ 検認済証明書
相続人の中に相続放棄をする者がいる場合	相続放棄申述受理証明書

第５章　相続にかかわる登記　185

間違いがないかを確認し、下図のような順序で綴じます。さらにグループ別に分けた書類を大型のクリップでとめて提出します。

① Aグループ（法務局へ提出用の書類）

提出用に必要な書類は、登記申請書、登録免許税納付用台紙、原本還付を受けるための相続関係説明図および遺産分割協議書・印鑑証明書・住民票（除票）のコピー、住民票の写し、固定資産評価証明書、委任状などです。これらの書類を重ねて左側をホチキスやこよりなどで綴じます。これらの書類を重ねて左側をホチキスやこよりなどで綴じます。相続登記の場合、一般的な売買のような売主と買主による共同申請ではなく、相続人による単独申請となるため、登記識別情報は不要です。

② Bグループ（申請人に返還されるもの）

原本還付を受ける書類です。

■ 申請書の綴じ方（相続登記の場合）

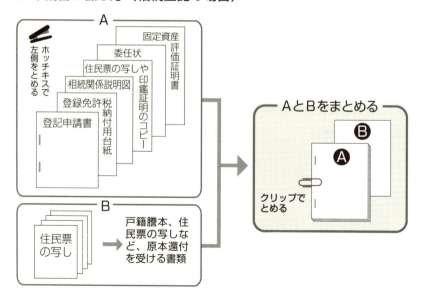

3 登記申請書類の記載方法

被相続人の氏名や不動産の表示は登記簿の記録と一致させる

● 登記申請書を記載する際のチェックポイント

　被相続人である鈴木隆志が死亡し、相続人による遺産分割協議を経て相続人の１人である鈴木広志が不動産を相続したケースを想定して、相続登記の記載方法を見ていきましょう（書式２）。

　登記申請書には以下の事項を記載し、相続人が署名（記名）押印します。司法書士などによる代理申請の場合は、代理人が署名（記名）押印します。この押印は認印でもかまいません。

① 登記の目的

　どのような登記を求めるかを記載します。すでに所有権の登記がしてある不動産を相続した場合には「所有権移転」となります。被相続人名義の不動産が共有の場合には「○○○○持分全部移転」として持分を示します。

② 相続人（申請人）の表示

　被相続人の氏名を（被相続人　○○○○）とカッコ書きで記載してから、相続人の住所・氏名を表示します。被相続人の氏名は、登記簿の記録と一致するように記載しなければなりません。相続人の住所・氏名は、住所証明書（住民票の写し）の記載と一致する必要があります。

　本ケースでは、鈴木広志の単独相続を想定した登記になっていますが、相続人が２人以上いる場合には、「持分弐分の壱　○○○○」というように、各自の持分も記載します。相続人の印は認印でもかまいません（代理人によって申請する場合は、申請人の押印は不要です）。

③ 登記原因とその日付

　登記原因の日付は、このような原因が成立した日、あるいは発生し

た日です。具体的には「○年○月○日相続」と表示します。

④ **添付書類の表示**

相続登記の場合は、「登記原因証明情報」「住所証明書」と記載します。代理申請の場合には、「代理権限証書」も記載します。

⑤ **登記申請の年月日**

申請書を法務局に提出する日付を記載します。アラビア数字を使用してかまいません。

⑥ **法務局の表示**

登記の申請書を提出する法務局か地方法務局（または支局か出張所）を記載します。

⑦ **課税価格と登録免許税**

課税価格として不動産の価額の合算額から1000円未満を切り捨てた額を記載します。この価額は、固定資産税課税台帳に登録された価格によります。相続による登録免許税は、課税価格に1000分の4を乗じて計算した金額です。

⑧ **不動産の表示**

不動産の表示は、登記簿上の土地や建物と一致するように記載してください。土地については、所在する郡、市、区、町村、字と地番の他、地目と地積を記載します。建物については、所在する郡、市、区、町村、字と地番の他、家屋番号、建物の番号がある場合はその番号、種類、構造、床面積、附属建物がある場合は、その種類、構造と床面積を記載します。

区分所有建物についての記載方法は、通常の建物の場合とは異なります。建物全体の所在地と構造・床面積（または建物の番号〈実際は「○○マンション」など建物の名称〉）を記載した後に、専有部分の家屋番号、種類、構造、床面積を記載します。さらに、敷地権の表示として、所在と地番、地目、地積、敷地権の種類、敷地権の割合を記載します。

⑨ 代理人の表示

司法書士など代理人が登記申請をする場合、代理権限証書（委任状）の代理人の表示と一致するように代理人の住所・氏名を記載します。

● 具体的に用意する書類

前述した「④添付書類の表示」の通り、登記原因証明情報と住所証明書（住民票の写しのこと）、代理申請の場合には、代理権限証書（委任状のこと。書式9）が必要です。

登記申請書の記載方法としては、「登記原因証明情報」でかまいませんが、本ケースの場合、具体的に添付する書類は、被相続人である鈴木隆志の出生から死亡までの戸籍謄本・除籍謄本と、相続人の現在の戸籍謄本、相続人の1人である鈴木広志が不動産を相続する協議をした遺産分割協議書（書式3）を添付することになります。なお、114、185ページで述べた通り、相続関係説明図（書式4）を戸籍謄本、除籍謄本などと一緒に提出すれば、登記完了後に戸籍謄本などを返却してもらえます。

なお、本ケースの設定では相続人の1人である鈴木恭子が遺産分割協議により普通預金を相続していますが、もし鈴木恭子が特別受益者に該当して相続する財産がない場合、書式5のような特別受益証明書を作成することになります。

● 法定相続の場合（書式6）

遺産分割を行わずに、相続人が法定相続分に従って不動産を相続する場合です。

登記の目的は「所有権移転」です。登記原因は「平成〇年〇月〇日相続」とし、日付は戸籍に記載された死亡日を記載します。

相続登記の場合は、相続人による単独申請が認められています。相続人が複数いる場合は相続方法により申請人となる者が異なることか

第5章 相続にかかわる登記

ら、以下具体的に説明します。たとえば被相続人がA、相続人が子B、Cの場合において、①法定相続分で登記をする場合、相続人のうち一人（ここではB）が単独で登記申請をすることができます。この場合の申請書の記載は下記のようになります。

```
相続人　（被相続人A）
東京都目黒区××一丁目2番3号
（申請人）持ち分2分の1　　B
東京都目黒区××二丁目1番2号
　　　　　2分の1　　C
```

なお、登記識別情報は申請人であるBにしか通知されません。②遺産分割協議または遺言書によりBが単独取得する場合は、Bが単独で申請し、申請書に「相続人（被相続人A）住所　B」と記載します。

● 遺言による相続の場合（書式7、8）

死亡者（被相続人）が遺言を残している場合です。

遺言書に記載されている文言が「相続させる」あるいは「遺贈させる」かにより、登記原因および添付書類等が異なりますので注意が必要です。「相続させる」という文言が記載されている場合は、通常の相続と同様「相続」を登記原因とし、相続登記に必要な書類の他、遺言書を添付して申請します。この際、公正証書遺言以外の遺言（自筆証書遺言等）については、裁判所の検認を経る必要がありますので、検認済証明書も同時に提出しなければなりません。

他方、遺言の文言が「遺贈する」とされている場合の登記原因は「遺贈」となり、遺贈を受ける相続人を権利者、遺贈を受けない他の相続人全員（遺言執行者がいる場合はその者）を義務者とする共同申請が義務付けられています。

書式2　相続した場合の登記申請書（遺産分割に従った相続）

登　記　申　請　書

登記の目的　　所有権移転
原　　　因　　平成28年４月15日
相　続　人　　（被相続人　鈴木　隆志）
　　　　　　　東京都渋谷区○○一丁目２番地
　　　　　　　　　鈴木　広志　㊞
　　　　　　　連絡先の電話番号　００−００００−００００

添付書類
　　登記原因証明情報　住所証明書
☐ 登記識別情報の通知を希望しません。

平成28年５月10日申請　東京法務局　品川出張所
課税価格　金３０００万円
登録免許税　金１２万円
不動産の表示
　　所　　　在　　品川区○○二丁目
　　地　　　番　　３４番５
　　地　　　目　　宅地
　　地　　　積　　１５０．７７㎡
　　　　　　　　　　価格　金２５００万円

　　所　　　在　　品川区○○二丁目３４番地５
　　家　屋　番　号　３４番５
　　種　　　類　　居宅
　　構　　　造　　木造瓦葺２階建
　　床　面　積　　１階　４５．３１㎡
　　　　　　　　　２階　２５．３２㎡
　　　　　　　　　　価格　金５００万円

書式３　遺産分割協議書

遺産分割協議書

　本　　　籍　東京都北区○○一丁目２番地
　最後の住所　東京都品川区○○二丁目34番５号
　被相続人　鈴木隆志（平成28年４月15日死亡）

　上記の者の相続人全員は、被相続人の遺産について協議を行った結果、次のとおり分割することに合意した。
１．相続人鈴木広志は次の財産を取得する。
　【土地】
　所　　在　東京都品川区○○二丁目
　地　　番　３４番５
　地　　目　宅地
　地　　積　１５０．７７㎡
　【建物】
　所　　在　東京都品川区○○二丁目34番地５
　家屋番号　３４番５
　種　　類　居宅
　構　　造　木造瓦葺２階建
　床面積　１階　４５．３１㎡
　　　　　２階　３５．３２㎡
２．相続人鈴木恭子は次の財産を取得する。
　【預貯金】
　○○銀行○○支店　普通預金　口座番号○○○○
３．本協議書に記載のない遺産及び後日判明した遺産については、相続人鈴木恭子が取得する。

　以上のとおり、遺産分割協議が成立したので、本協議書を２通作成し、署名押印の上、各自１通ずつ所持する。

平成28年４月30日
　住　　　所　東京都渋谷区○○一丁目２番地
　　　　　　　鈴木　広志　㊞
　住　　　所　東京都目黒区○○一丁目２番地
　　　　　　　鈴木　恭子　㊞

書式4　相続関係説明図

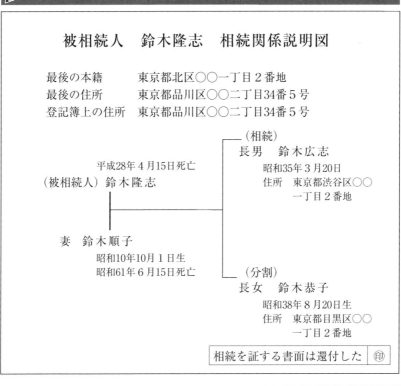

書式5　特別受益証明書

証明書

私は、生計の資本として被相続人から、すでに財産の贈与を受けており、被相続人の死亡による相続については、相続する相続分の存しないことを証明します。

平成28年4月30日
　（本籍）東京都北区○○一丁目2番地
　　　　被相続人　鈴木　隆志
　（住所）東京都目黒区○○一丁目2番地
　　　　右相続人　鈴木　恭子　㊞

書式6 相続した場合の登記申請書（法定相続分による相続）

登 記 申 請 書

登記の目的　所有権移転
原　　因　　平成28年7月27日相続
相　続　人　（被相続人　山田　太郎）
　　　　　　　東京都目黒区××一丁目2番3号
（申請人）　　持分2分の1　山田　裕子　㊞
　　　　　　　連絡先の電話番号　00-0000-0000
　　　　　　　東京都目黒区××二丁目1番2号
　　　　　　　持分2分の1　山田　健太　㊞
添付書面　登記原因証明情報　　住所証明情報
平成28年8月29日申請　東京法務局渋谷出張所
課税価格　金2000万円
登録免許税　金8万円

不動産の表示
　　所　　在　東京都目黒区××一丁目
　　地　　番　2番3
　　地　　目　宅地
　　地　　積　128.78㎡
　　　この価格　金1500万円
　　所　　在　東京都目黒区××一丁目2番地3
　　家屋番号　2番3
　　種　　類　居宅
　　構　　造　木造瓦葺二階建
　　床面積　1階　54.28㎡
　　　　　　2階　32.11㎡
　　　この価格金500万円

書式7　相続した場合の登記申請書（遺言による相続）

登 記 申 請 書

登記の目的　所有権移転
原　　因　　平成28年7月27日相続
相　続　人　（被相続人　山田　太郎）
　　　　　　東京都目黒区××一丁目2番3号
　　　　　　　山田　裕子　㊞
　　　　　　連絡先の電話番号　００－００００－００００
添付書面　登記原因証明情報　　住所証明情報
平成28年8月29日申請　東京法務局渋谷出張所
課税価格　金２０００万円
登録免許税　金８万円

不動産の表示
　所　　在　東京都目黒区××一丁目
　地　　番　2番3
　地　　目　宅地
　地　　積　１２８．７８㎡
　　　この価格　金１５００万円
　所　　在　東京都目黒区××一丁目2番地3
　家屋番号　2番3
　種　　類　居宅
　構　　造　木造瓦葺二階建
　床面積　１階　５４．２８㎡
　　　　　２階　３２．１１㎡
　　　この価格金５００万円

書式8 「遺贈させる」と記載されていた場合の申請書（遺言執行者なし）

登 記 申 請 書

登記の目的　所有権移転
原　　　因　平成28年7月27日遺贈
権　利　者　東京都目黒区××一丁目2番3号
　　　　　　　山田　裕子　㊞
　　　　　　連絡先の電話番号　00-0000-0000
義　務　者　東京都目黒区××二丁目1番2号
　　　　　　　亡山田太郎相続人　山田　健太　実印
　　　　　　連絡先の電話番号　00-0000-0000
添付書面　登記識別情報　登記原因証明情報（遺言書　公正証書遺
　　　　　言以外は検認済証明書付き遺言書）　相続証明情報　印
　　　　　鑑証明書　住所証明情報
平成28年8月29日申請　東京法務局渋谷出張所
課 税 価 格　金2000万円
登録免許税　金8万円
不動産の表示
　　所　　在　東京都目黒区××一丁目
　　地　　番　2番3
　　地　　目　宅地
　　地　　積　128.78㎡
　　　　この価格　金1500万円
　　所　　在　東京都目黒区××一丁目2番地3
　　家屋番号　2番3
　　種　　類　居宅
　　構　　造　木造瓦葺二階建
　　床 面 積　1階　54.28㎡
　　　　　　　2階　32.11㎡
　　　　この価格金500万円

書式9　委任状

委任状

私は、世田谷区○○一丁目2番地　田中　良男　を代理人と定め、下記の事項を委任します。

記

　後記物件につき、平成28年4月15日相続による所有権移転登記申請に関する一切の件（被相続人　鈴木　隆志）

不動産の表示
1．　東京都品川区○○二丁目34番5の土地

1．　東京都品川区○○二丁目34番地5
　　　家屋番号　34番5の建物

平成28年5月1日

　　　　　　　（住所）東京都渋谷区○○一丁目2番地
　　　　　　　（氏名）鈴木　広志　㊞

Column

相続手続きの簡素化が検討されている

　相続の手続きには、非常に手間と時間がかかります。まず、相続人を確定したり、被相続人と相続人の関係性を証明するために、戸籍謄本などの書類を大量に集める必要があります。その後、相続財産の内容に合わせて、各機関の窓口で相続手続きを進めていく必要があります。たとえば、不動産の名義変更をするためにはその不動産を管轄している登記所、預貯金口座の解約をするためには各金融機関、生命保険の受け取りをするためには各保険会社、というように、それぞれ別個の窓口に書類を提出して、その都度書類の審査を受けなければなりません。それぞれの機関ごとに、何度も同じ内容の審査をしなければならないという現状は非常に非効率的です。また、手続きを早急に進めなければならない事情がある場合でも、多くの時間的な制約を受けますので、相続人側にとっても大きな負担となっています。

　こうした問題を解決するため、法務省は平成28年7月に、相続手続きを簡素化する制度（法定相続情報証明制度。仮称）を平成29年度に導入すると発表しました。この制度は、登記所が戸籍謄本等一式を審査し、被相続人や相続人についての情報に間違いがないと判断をすると、その旨の証明書を発行することができるようになるというものです。相続財産の中に不動産が含まれている場合には、最初に不動産登記の手続きをしてしまえば、他の機関における手続きの際に、戸籍謄本等一式の代わりに、この証明書を提出することができるようになるわけです。証明書の提出を受けた機関は、戸籍謄本等を審査する手間を省くことができますから、事務の負担が軽減され、手続きにかかる時間が短縮されることにつながります。また、相続についての不動産登記申請が促進され、所有者不明の不動産の発生を防止する効果も期待できます。今後発表される詳細情報が注目されます。

第6章

登記申請が必要な
その他のケース

1 不動産を贈与した場合の登記手続き

親族間で行われることが多い

● **どんな場合にするのか**

　不動産の所有権が移転する売買以外のケースとして**贈与**があります。贈与は他人同士よりも、親族間で行われることが多い傾向があります。また、個人事業主が自分の会社に対して所有する不動産を贈与する場合も見受けられます。

　贈与については民法の規定によって、書面によらない場合は撤回できることになっています。これは、軽はずみな贈与を防ぐためのものです。ですから、贈与といっても念のために書面にしておくべきでしょう。ただ、書面によらない贈与でも、所有権移転の登記や不動産の引渡など、履行がなされた後は撤回できません。

● **登記申請する前に調査すべきこと**

　登記を申請する前に贈与される不動産について登記記録にどのように記録されているかを確認しておきます。

　登記記録を調べる前提として、土地であれば所在と地番を、建物であれば所在と家屋番号を確認しておきましょう。地番や家屋番号については登記済証や登記識別情報、固定資産評価証明書、固定資産税の納付書を参照すればわかります。

　次に、不動産を管轄する法務局に行って登記事項証明書の交付申請をします。登記事項証明書を見て、土地であれば所在・地番・地目・地積（面積）が登記済証の内容と一致しているか、建物であれば所在・家屋番号・種類・構造・床面積について確認してみましょう。引越しなどによって所有権の登記名義人の住所が変わっているときは、

登記名義人住所変更登記を申請する必要があります。登記記録上の登記義務者の住所と住民票などの添付書類に記載されている住所とが一致していなければならないからです。

登記記録の内容を確認し、問題がなければ申請書を作成します。

① 登記の目的

「所有権移転」と記入します。

② 原因

贈与の行われた年月日、及び登記原因である「贈与」を記載します。

③ 権利者

受贈者つまり贈与を受ける者の住所と氏名を記載し、名前の後に押印します。住所は添付書類に記載されたものと一致するようにしましょう。司法書士など代理人が申請する場合は、この押印は不要です。

④ 義務者

贈与者の住所と氏名を記載し、名前の後に押印します。印鑑は印鑑登録された実印を使用します。司法書士などの代理人が申請する場合は、この押印は不要です。

本書では第三者に贈与するケース（書式1）と親子間で（父から子に）贈与するケース（書式2）について、申請書を掲載しています。

⑤ 課税価格

固定資産評価証明書に記載されている評価額の1000円未満を切り捨

■ 相続・遺言・死因贈与・生前贈与

	内容	相続人・受遺者	課せられる税
相続	被相続人の死亡によって財産が移転	一定の身分関係の人が相続人になる	相続税
遺贈	遺言書による財産の贈与	遺言者が指定した受遺者	相続税
死因贈与	人の死亡を条件とする贈与	贈与者が指定した受贈者	相続税
生前贈与	生前に財産を無償で他人に譲渡	贈与者が指定した受贈者	贈与税

てた金額を記入します。

⑥ 登録免許税

原則として、課税価格に1000分の20を掛け合わせた金額になります。

● 添付書類をそろえる

贈与による所有権移転登記に必要な添付書類は次のとおりです。

① 登記原因証明情報

贈与契約書または報告形式の登記原因証明情報です（親子間贈与について書式3）。

② 登記識別情報（または登記済証）・印鑑証明書

贈与者の登記識別情報（または登記済証）と印鑑証明書を添付します。印鑑証明書は発行から3か月以内のものを使用しましょう。

③ 住所証明書

受贈者の住民票の写しを添付します。戸籍の附票や印鑑証明書を住所証明書とすることもできます。

④ 固定資産評価証明書

課税価格の計算の基準を証明するために添付します。

● 専門家に相談する

贈与の場合には、贈与税がつきまといます。不動産の価格がわかれば贈与税自体の計算はそれほど難しくありませんが、不動産の価値をどう評価するかということについては、専門家に相談した方がよい場合があります。後で思いがけず高額の贈与税を課税されて驚くことを避けるために、事前に税理士などに相談した方がよいでしょう。

また、未成年の子から親への贈与、会社からその会社の取締役への贈与の場合、子どもや会社の利益が損なわれるおそれがあるため、特別代理人の選任、取締役会での承認が必要となる場合があります。このような場合には、司法書士などの専門家に相談し、あるいは手続き

死因贈与とは

　贈与は「あげます」「いただきます」というお互いの合意の上に成立する契約です。**遺贈**とは、遺言による財産の贈与のことで、財産を与える相手方の同意を得ないで行うことができます。

　これに対して、「私が死んだら300万円を贈与する」というように、贈与する人の死亡という条件がついた贈与を**死因贈与**といいます。死因贈与も贈与者の死によって有効になる生前契約の贈与です。

　登記申請書（書式４）の記載事項については、通常の贈与と同様、登記の目的は「所有権移転」、登記原因は「贈与」です。権利者として、死因贈与を受けた人の住所・氏名を記載します。死因贈与の場合、贈与と異なり贈与者は死亡していますので、義務者として、贈与者の相続人であることを記載し、相続人全員が氏名を記載し、実印を押します。相続人全員分の印鑑証明書が必要です。

■ 添付書面（死因贈与）

```
登記識別情報または登記済証
登記原因証明情報（死因贈与契約書、死亡届）
受贈者の住民票の写し
固定資産評価証明書（登記申請する年度分）
```

【執行者の定めがある場合】
・執行者の印鑑証明書

死因贈与契約書が私署である場合
いずれか
　・死因贈与契約書に押印した贈与者の印鑑証明書
　・相続人全員の承諾書＋印鑑証明書

【執行者の定めがない場合】
・相続人全員の印鑑証明書
・相続証明情報（戸籍等）

書式1　贈与の登記申請書（第三者への贈与）

登　記　申　請　書

登記の目的　所有権移転
原　　因　　平成27年7月1日贈与
権　利　者　東京都目黒区××三丁目1番2号
　　　　　　　　鈴木　太郎　㊞
　　　　　　連絡先の電話番号　00－0000－0000
義　務　者　東京都杉並区××一丁目2番3号
　　　　　　　　佐藤　花子　実印
　　　　　　連絡先の電話番号　00－0000－0000
添付書面
　　登記識別情報又は登記済証　登記原因証明情報
　　印鑑証明書　住所証明書
登記識別情報（登記済証）を提供することができない理由
　　□不通知　□失効　□失念　□管理支障　□取引円滑障害
　　□その他（　　　）□登記識別情報の通知を希望しません。

平成27年7月8日申請　東京法務局渋谷出張所
課税価格　金2000万円
登録免許税　金40万円
不動産の表示
　　所　　在　東京都目黒区××二丁目
　　地　　番　3番4
　　地　　目　宅地
　　地　　積　148.78㎡

書式2　贈与の登記申請書（親子間贈与）

<pre>
　　　　　　　　┌ ─ ─ ─ ─ ─ ─ ─ ─ ┐
　　　　　　　　│　　　　　　　　　│
　　　　　　　　│　　　　　　　　　│
　　　　　　　　│　　　　　　　　　│
　　　　　　　　└ ─ ─ ─ ─ ─ ─ ─ ─ ┘
</pre>

登　記　申　請　書

登記の目的　所有権移転
原　　　因　平成28年4月6日贈与
権　利　者　東京都葛飾区××一丁目2番3号
　　　　　　　　松本　翔平　㊞
　　　　　　連絡先の電話番号　００-００００-００００
義　務　者　東京都足立区××一丁目2番3号
　　　　　　　　松本　茂　[実印]
　　　　　　連絡先の電話番号　００-００００-００００
添付書面
　　登記識別情報又は登記済証　登記原因証明情報
　　印鑑証明書　住所証明書
登記識別情報（登記済証）を提供することができない理由
　　　□不通知　□失効　□失念　□管理支障　□取引円滑障害
　　　□その他（　　　　）　□登記識別情報の通知を希望しません。

平成28年4月15日申請　東京法務局城北出張所
課 税 価 格　金２０００万円
登録免許税　金４０万円

不動産の表示
　　所　　　在　東京都足立区××一丁目
　　地　　　番　2番3
　　地　　　目　宅地
　　地　　　積　１７８．１５㎡

第6章　登記申請が必要なその他のケース

書式3 登記原因証明情報（親子間贈与による所有権移転）

登記原因証明情報

1　登記申請情報の要項
　(1)　登記の目的　所有権移転
　(2)　登記の原因　平成28年4月6日　贈与
　(3)　当事者　　権利者（甲）　松本　翔平
　　　　　　　　　義務者（乙）　松本　茂
　(4)　不動産の表示
　　　所　在　東京都足立区××一丁目
　　　地　番　2番3
　　　地　目　宅地
　　　地　積　178・15㎡

2　登記の原因となる事実又は法律行為
　(1)　乙は、甲に対し、平成28年4月6日、本件不動産を贈与する意思を表示し、甲はこれを受諾した。
　(2)　よって、本件不動産の所有権は、同日、乙から甲に移転した。

平成28年4月15日　東京法務局城北出張所

　上記の登記原因のとおり相違ありません。
　（受贈者）　住所　東京都足立区××一丁目2番3号
　　　　　　　　　　松本　茂　㊞
　（贈与者）　住所　東京都葛飾区××一丁目2番3号
　　　　　　　　　　松本　翔平　㊞

書式4　死因贈与が行われた場合の登記申請書

登　記　申　請　書

登記の目的　　　　所有権移転
原　　因　　　　　平成28年2月9日贈与
権　利　者　　　　東京都立川市××一丁目2番3号
　　　　　　　　　（住民票コード○○○○○○○○○○○）
　　　　　　　　　佐藤　一郎
義　務　者　　　　東京都日野市××一丁目2番3号
亡山田良子相続人　東京都日野市××一丁目2番3号
　　　　　　　　　山田　花子
添付情報
　　登記識別情報又は登記済証　登記原因証明情報
　　代理権限証明情報　印鑑証明書　住所証明情報　相続証明情報
登記識別情報（登記済証）を提供することができない理由
　　□不通知　□失効　□失念　□管理支障　□取引円滑障害
　　□その他（　　　）　□登記識別情報の通知を希望しません。
平成28年8月10日申請　東京法務局立川出張所
　　　　　　　　代理人　東京都立川市××三丁目4番5号
　　　　　　　　　　　　司法書士　吉田　太郎　［職印］
　　　　　　　　　　　　連絡先の電話番号03－○○○○－○○○○
課税価格　　　金2000万円
登録免許税　　金40万円
不動産の表示
　　所　　在　東京都日野市××二丁目
　　地　　番　3番4
　　地　　目　宅地
　　地　　積　148.78㎡

財産分与による所有権移転登記

不動産を譲与した場合、所有権や持ち分の移転登記が必要になる

● 財産分与はどんな場合に行われるのか

　離婚に際して、これまでに夫婦で築いてきた財産を、お互いの間で清算する必要があります。これが財産分与です。専業主婦などの場合は離婚後生活に困窮することもあり得るため、一方の配偶者は離婚のときから2年以内であれば、相手方に対して財産分与の請求ができます。この請求権のことを財産分与請求権といいます。

　財産分与の対象となる財産については、基本的には、結婚してから形成された財産は財産分与の対象になります。不動産、動産、有価証券、預貯金など、あらゆる財産が分与の対象になります。

● 調停離婚の手続き

　当事者同士で話し合いをして話がまとまれば離婚が成立します。これが協議離婚です。一方、離婚の条件などでもめて2人の間で話し合いがつかない場合、いきなり離婚訴訟ではなく、家庭裁判所の離婚調停で調整します。調停の結果、離婚の合意が成立し、離婚に伴う慰謝料や財産分与、親権者などについても話がまとまり、調停委員または裁判官も離婚は妥当であると認められれば、調停は成立します。調停が成立すると、調停委員、裁判官、裁判所書記官の立ち合いの下で、合意内容を記した「調停調書」が作成されます。

　調停で決められて調書に記載された事項には、確定した判決と同様の強い効力があります。調書で決定されたことに従わなければ強制執行されることもあります。こうして調停調書が作成されると離婚調停成立となり、調停は終了します。

●財産分与による所有権移転登記の書き方（書式5、7）

　財産分与の対象に自宅等の不動産が含まれている場合は、財産分与を受ける者に名義を変更する必要があります。具体的には所有権の移転登記を行います。申請書の記載の仕方は以下のようになります。

① 　登記の目的

　「所有権移転」と記載します。所有権のすべてではなく、マンションの持ち分のように所有権の一部を譲渡する場合には、「所有権一部移転」と記載します。

② 　原因

　登記原因は「財産分与」となり、登記原因の日付は、財産分与の協議が成立した日付を記載します。ただし、財産分与が離婚よりも前に成立した場合は、離婚届を提出した日が原因日付となります。

③ 　権利者

　財産分与を受ける者の氏名と住所を記載します。協議離婚の申請書と異なり、調停調書に基づいて権利者が単独で申請する場合、義務者が申請人とならないことを明らかにするために、権利者の記載の下にカッコ書きで「(申請人)」と記載します（書式7参照）。

④ 　義務者

　財産分与をする者の氏名と住所を記載します。離婚に伴い復氏したり、住所を移転した場合は、登記簿上の氏名、住所と、印鑑証明書に記載された氏名、住所が異なるため、所有権移転登記に先立ち、登記名義人の氏名変更あるいは住所変更登記を申請する必要があります。

⑤ 　課税価格

　固定資産評価証明書に記載されている評価額の1000円未満を切り捨てた金額を記入します。

⑥ 　登録免許税

　課税価格に1000分の20を掛け合わせた金額になります。

● 財産分与による所有権移転登記の添付書類

　まず、登記原因証明情報として離婚協議書や財産分与協議書を添付します（協議離婚について書式6）。離婚前に財産分与が成立した場合は、その効力が発生するのは離婚成立後となるため、離婚の記載のある戸籍謄本を一緒に提出する必要があります。

　次に財産分与をする者が添付する書面として、所有権を取得したときの登記済証ないしは登記識別情報と、作成から3か月以内の印鑑証明書があります。登録免許税を算定する際に必要となることから、最新年度の固定資産評価証明書の提出も必要です。他方、財産分与を受ける者は住民票の写しを住所証明情報として添付します。

　最後に代理人が申請する場合は、財産分与をする者と受ける者双方の委任状を添付する必要があります。

　なお、調停や訴訟など裁判上の離婚の場合は協議離婚の場合とは添付書類が異なり、調停調書や判決書の正本を登記原因証明情報とし、これに住民票の写しを添付して、財産分与を受ける者が単独で登記申請をすることができます。

■ 調停の手続き（離婚調停の場合）

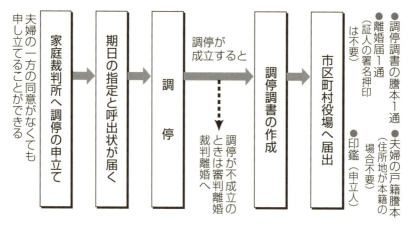

書式5 財産分与による所有権移転登記申請書(協議離婚)

登 記 申 請 書

登記の目的 　所有権移転
原　　　因 　平成28年7月27日　財産分与
権　利　者 　東京都目黒区××一丁目2番3号
　　　　　　　　花田　裕子 ㊞
　　　　　　連絡先の電話番号　00-0000-0000
義　務　者 　東京都目黒区××一丁目2番3号
　　　　　　　　山田　健太　実印
　　　　　　連絡先の電話番号　00-0000-0000
添付書面 　登記原因証明情報　　登記済証又は登記識別情報
　　　　　　印鑑証明書　　住所証明情報
平成28年8月29日申請　東京法務局渋谷出張所
課税価格 　金2000万円
登録免許税 　金40万円

不動産の表示
　所　　在　東京都目黒区××一丁目
　地　　番　2番3
　地　　目　宅地
　地　　積　128.78㎡
　　　この価格　金1500万円
　所　　在　東京都目黒区××一丁目2番地3
　家屋番号　2番3
　種　　類　居宅
　構　　造　木造瓦葺二階建
　床　面　積　1階　54.28㎡
　　　　　　　2階　32.11㎡
　　　この価格金500万円

書式6 登記原因証明情報（協議離婚による所有権移転）

登記原因証明情報

1 登記申請情報の要項
 (1) 登記の目的　所有権移転
 (2) 登記の原因　平成28年7月27日　財産分与
 (3) 当事者　　権利者（甲）　花田　裕子
 　　　　　　　義務者（乙）　山田　健太
 (4) 不動産の表示
 　　後記のとおり

2 登記の原因となる事実又は法律行為
 (1) 甲と乙は、平成28年7月27日、協議により離婚した。
 (2) 平成28年7月27日、甲乙間において、乙は甲に対し本件不動産を分与する旨の協議が成立した。
 (3) よって、同日、本件不動産の所有権は、乙から甲に移転した。

平成28年4月15日　東京法務局城北出張所

　上記の登記原因のとおり相違ありません。

　権利者　住所　東京都目黒区××一丁目2番3号
　　　　　　　　　花田　裕子　㊞
　義務者　住所　東京都目黒区××一丁目2番3号
　　　　　　　　　山田　健太　㊞

不動産の表示
　所　　在　東京都目黒区××一丁目
　地　　番　2番3
　地　　目　宅地
　地　　積　128.78㎡

　所　　在　東京都目黒区××一丁目2番地3
　家屋番号　2番3
　種　　類　居宅
　構　　造　木造瓦葺二階建
　床面積　1階　54.28㎡
　　　　　2階　32.11㎡

書式7　財産分与による所有権移転登記申請書（調停離婚）

登 記 申 請 書

登記の目的　所有権移転
原　　因　　平成28年7月27日　財産分与
権　利　者　東京都目黒区××一丁目2番3号
　（申請人）　　　花田　裕子　㊞
　　　　　　　連絡先の電話番号　００−００００−００００
義　務　者　東京都目黒区××一丁目2番3号
　　　　　　　　　山田　健太
添 付 書 面　登記原因証明情報　　住所証明情報

平成28年8月29日申請　東京法務局渋谷出張所
課 税 価 格　金２０００万円
登録免許税　金４０万円
不動産の表示
　所　　在　東京都目黒区××一丁目
　地　　番　2番3
　地　　目　宅地
　地　　積　１２８．７８㎡
　　この価格　金１５００万円
　所　　在　東京都目黒区××一丁目2番地3
　家屋番号　2番3
　種　　類　居宅
　構　　造　木造瓦葺二階建
　床 面 積　1階　５４．２８㎡
　　　　　　2階　３２．１１㎡
　　この価格金５００万円

3 定期借地権の登記申請手続き

一定期間の経過後に返還してもらえる

● どんな場合に登記するのか

　定期借地権とは、原則として更新の認められない借地権のことです。
　定期借地権には、契約の更新、建物再築による存続期間の延長がなく、契約終了時の借地人からの建物買取請求も排除することができます。また、契約期間は50年以上であることが必要です。50年に満たない期間を定めた場合には、通常の借地権としての効力が認められることになります。定期借地権を設定する契約は、借地人の権利に重大な制限を加える契約のため、公正証書によって行わなければならないとされているものもあります。
　なお、定期借地権には一般定期借地権の他に、居住用ではなく事業用の建物の所有を目的とする事業用定期借地権と、期限終了の際に地主に建物を譲渡する特約をつける建物譲渡特約付借地権という制度があります。

● 添付書類と登記申請書の書き方（書式８）

　登記申請書には一般定期借地権であることを証明する賃貸契約書を添付します。
　登記の目的は「賃貸借設定」とし、登記原因については契約成立日を記載します。支払時期については定めがなければ記載しなくてもかまいませんが、賃料は必ず記載します。存続期間については、一般定期借地権の最短年数である50年以上になるようにします。課税価格については、固定資産課税台帳に登録された不動産の評価額を記載します。

書式8　一般定期借地権を設定する場合の登記申請書

登 記 申 請 書

登記の目的　　　賃借権設定
原　　因　　　　平成28年9月5日設定
目　　的　　　　建物所有
賃　　料　　　　1月10万円
支払時期　　　　毎月25日
存続期間　　　　50年
特　　約　　　　譲渡・転貸ができる
賃借権者　　　　東京都立川市××一丁目2番3号
　　　　　　　　佐藤　一郎
設定者　　　　　東京都日野市××一丁目2番3号
　　　　　　　　山田　花子
添付情報
　　登記識別情報又は登記済証　登記原因証明情報
　　代理権限証明情報　印鑑証明書
登記識別情報（登記済証）を提供することができない理由
　　　□不通知　□失効　□失念　□管理支障　□取引円滑障害
　　　□その他（　　　）　□登記識別情報の通知を希望しません。

平成28年9月16日申請　東京法務局立川出張所
申請人兼権利者代理人　東京都立川市××三丁目4番5号
　　　　　　　　　　　司法書士　吉田　太郎　[職印]
　　　　　　　　　　　連絡先の電話番号03－○○○○－○○○○

課税価格金　　金2000万円
登録免許税　　金20万円

不動産の表示
　　所　　在　　東京都日野市××二丁目
　　地　　番　　3番4
　　地　　目　　宅地
　　地　　積　　148.78㎡

氏名・名称の変更・更正登記の登記申請書と添付書類

登録免許税は不動産1個につき1000円

● 登記名義人の変更登記とは

　登記記録上の名義人が住所を変更したり、結婚や養子縁組をしたために氏名が変更されることがよくあります。土地の場合、分筆がなされていると、分筆後の各々の土地について変更登記が必要になります。また、建物の場合は、増改築によって不一致が生じることがあります。また、会社などの法人の場合だと、商号の変更や本店（本社）の移転などによって所在地が変更されることもあります。

　その場合、それらの変更の登記をしないままで、所有権移転の登記を申請したり、抵当権設定の登記を申請すると、登記申請が却下されてしまいます。ですから、変更にあわせて登記記録の内容を改めておく方が無難だといえます。このような変更登記を**登記名義人住所変更登記、登記名義人氏名変更登記**と呼びます。

　住所や氏名が数回にわたって変わっている場合には、その回数分の登記名義人住所（氏名）変更登記を申請する必要はなく、直接現在の住所や氏名を登記することが可能です。ただし、この場合、登記記録上の住所や氏名から現在の住所や氏名までの連続性を証明するための住民票の写しなどの書類を添付することが必要です。

　なお、保管されている登記済証や登記識別情報に記載されている氏名・住所が正確で、法務局での記録の段階でのミスということであれば、申請者側に責任はありません。この場合、法務局側に責任があるので申請しなくても記録の訂正が行われます（登録免許税の納付も不要です）。添付書類として登記済証等を提出することになります。

● どんな場合に氏名・名称変更登記をするのか

　所有権の登記後、結婚や離婚、養子縁組などにより氏名が変更した場合および登記名義人が法人の場合には商号変更を行ったときには、「所有権登記名義人の氏名・名称の変更」登記を申請することになります。この際、氏名の変更がわかる戸籍謄本または住民票の写しを、法人の場合は商号変更があった旨がわかる登記事項証明書を添付します。

　なお、抵当権など所有権以外の権利の登記の抹消を申請する場合において登記義務者の氏名（名称）・住所に変更があったときや、相続または合併を原因とする所有権その他の権利の移転の登記を申請する場合において登記名義人の氏名（名称）・住所に変更があったときは、所有権登記名義人の変更登記の申請は不要です。

　登記名義人住所変更登記などの場合、登記が完了しても、登記識別情報は通知されません。登録完了後、登記事項証明書の交付を申請すれば、登記が正確になされているかどうかを確認することができます。

　登記事項証明書には、変更前の氏名や住所に下線が引かれています。これは以前の氏名や住所が抹消されたことを示しています。

● どんな場合に氏名・名称更正登記をするのか

　更正登記とは、所有権登記時にすでに誤字や脱字などの「錯誤又は遺漏」があったときの訂正や補充の登記のことです。錯誤や遺漏には登記官の過誤と申請人の過誤の２通りがあり、登記官による過誤の場合は、法務局長または地方法務局長の許可を得て登記官が職権で登記の更正を行います。他方、申請人の過誤による場合には、更正登記の申請が必要になります。

● 登記の目的、登記の原因などの記載の仕方

　登記の目的は「○番所有権登記名義人氏名（または名称）変更（更正）」とします。

登記原因ですが、変更登記の場合は「平成○年○月○日　氏名変更（法人の場合は商号変更）」と記載し、更正登記の場合は単に「錯誤」とのみ記載します。変更登記の原因日付は、氏名変更の原因ごとに異なります。まず、婚姻による場合は、婚姻の届出日、協議離婚の場合は離婚の届出日、裁判上の離婚の場合には裁判の確定日を、養子縁組の場合は縁組の届出日を記載します。法人の場合は法人の登記簿謄本に記載されている商号変更の日を記載します。

　この他、変更（更正）後の事項として、戸籍等に記載されている現在の氏名（名称）を記載します（変更（更正）前の氏名・名称の記載は不要です）。

　登記の申請は、登記名義人が単独で行うことができます。申請書類には、申請人の住所・氏名を、住民票の記載通りに記載し、押印します。また登記申請に不備がある場合に、法務局が連絡できるように、連絡先の電話番号の記載が必要です。

　なお、登録免許税は不動産1個につき1000円です。マンションの場合は、建物の個数と敷地の数になります。

● 不動産の共有者の1人の氏名が変わった場合（書式9）

　婚姻や離婚、帰化等により、共有者の氏名に変更が生じた場合は、変更登記を申請する必要があります。変更登記の申請は、氏名を変更した者が単独で行うことができます。

① 　登記の目的

　「○番所有権登記名義人氏名変更」と記入します。○番には登記簿の甲区に記載された順位番号を記載します。

② 　原因

　「平成○年○月○日氏名変更」とし、婚姻等により氏（名）を変更した日を記載します。

③ 　変更後の事項

変更後の氏名を記載します。この際、共有者のうち誰の氏名に変更が生じたのかを特定する必要があります。たとえば、山本花子と本田次郎が共有する不動産について、山本花子が婚姻により本田と氏を変更した場合は「共有者山本花子の氏名　本田花子」と記載します。

④　申請人

氏名を変更した者が単独で申請することができますので、その者の変更後の氏名と住所を記載し、名前の後に押印（認め印可）します。司法書士などの代理人が申請する場合は、この押印は不要です。

⑤　添付書面

登記原因証明情報として氏名変更の経緯がわかる戸籍謄本と、登記簿上の共有者と戸籍に記載されている人物が同一人物であることを証明するため本籍地が記載された住民票の写しを提出します。なお、代理人が申請する場合には代理権限を証する書面として委任状の添付も必要となります。

⑥　登録免許税

不動産1個につき1000円です。土地と建物や、マンション（敷地権付き）の場合は2000円です。

■ 氏名の変更・更正

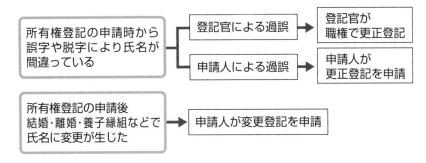

書式9　共有登記名義人変更登記申請書

登　記　申　請　書

登記の目的　１番所有権登記名義人氏名変更
原　　　因　平成28年７月27日氏名変更
変更後の事項　共有者　山本　花子の氏名
　　　　　　　　　本田　花子
申　請　人　東京都港区××二丁目３番３号
　　　　　　　　　本田　花子　㊞
　　　　　　連絡先の電話番号　００－００００－００００
添 付 書 面　登記原因証明情報

平成28年８月29日申請　東京法務局港出張所

登録免許税　金２，０００円

不動産の表示
　　所　　在　東京都港区××二丁目
　　地　　番　３番３
　　地　　目　宅地
　　地　　積　８８．７８㎡

　　所　　在　東京都港区××二丁目３番地３
　　家屋番号　３番３
　　種　　類　居宅
　　構　　造　木造瓦葺平屋建
　　床面積　　４０．１２㎡

 住所の移転・更正についての登記申請書の作成方法

正しい情報に変更・更正する

● どんな場合に住所変更登記をするのか

　所有権登記名義人の住所や本店に移転が生じた場合、**所有権登記名義人の住所変更登記**を申請する必要があります。添付書面は、住所の変更を生じさせた原因により異なります。

・引っ越しなどによる変更

　引っ越しにより住所変更が生じた場合は、登記簿上の住所から現在の住所への変更を証明できる住民票の写しまたは戸籍の附票を添付します。法人の場合は、本店移転を証する登記事項証明書を提出することになります。数回にわたって住所を移転している場合、1通の住民票の写しで住所移転の沿革を証明できないときは、数通の住民票の写しの添付を要します。

・住居表示の変更

　住居表示の実施により住所の変更が生じることもあります。住居表示実施とは、住居の表示方法をわかりやすいものに変更して、地番などの混乱を解消する行政上の行為のことです。

　住居表示の実施により変更が生じた場合は、住居表示実施証明書を添付します。また、土地の名称や町名が変わった場合には、市区町村役場から発行される、町名地番変更証明書を添付します。なお、住居表示実施証明書や町名地番変更証明書を添付した場合の登録免許税は非課税となります。

● どんな場合に住所更正登記をするのか

　所有権移転登記申請時に、すでに申請人の誤字や脱字により住所が

間違っていた場合には、「所有権登記名義人の住所更正」登記を申請することになります。更正登記には、正しい住所が記載された住民票の写しまたは戸籍の附票、法人の場合は登記事項証明書を添付します。

● 住所の変更・更正登記申請書作成の注意点（書式10、11）

　登記の目的は「○番所有権登記名義人住所変更（更正）」です。登記原因は、更正登記の場合は「錯誤」とのみ記載します。変更登記については、住所変更を生じさせた事由により、下記のように記載します。

　①住所移転の場合は、「平成○年○月○日住所移転（法人の場合は本店移転）」、②住居表示の実施の場合は「平成○年○月○日住居表示実施」、③町名地番の変更の場合は「平成○年○月○日町名変更、地番変更」と記載します。特に、複数回住所を移転している場合は、住民票から住所移転の日付がわからないなどにより、誤った日付を記載してしまうと、法務局から訂正を求められるので注意が必要です。

　登録免許税は、不動産1個につき1000円です（住居表示の実施や町名地番変更の場合は所定の証明書を添付すれば非課税となります）。

　なお、氏名の変更と住所の移転の両方が生じた場合、2通に分けず、1枚の申請書で申請することができます（書式12）。

■ 住所の変更と登記

	登記原因	添付書面	登録免許税
引越し等で住所移転	平成○年○月○日住所移転	住民票の写しまたは戸籍の附票	不動産1個につき1000円
住居表示の実施	平成○年○月○日住居表示の実施	住居表示実施証明書	非課税
町名地番変更	平成○年○月○日町名変更、地番変更	町名地番変更証明書	非課税

書式10　登記名義人住所変更登記申請書

登　記　申　請　書

登記の目的　　　1番所有権登記名義人住所変更
原　　因　　　平成27年8月1日住所移転
変更後の事項　　住所　東京都目黒区××三丁目1番2号
申　請　人　　　東京都目黒区××三丁目1番2号
　　　　　　　　　　鈴木　太郎　㊞
　　　　　　　　連絡先の電話番号　00-0000-0000
添付書類
　　登記原因証明情報

平成27年8月10日申請　東京法務局渋谷出張所

登録免許税　金2,000円

不動産の表示
　　所　　在　東京都目黒区××二丁目
　　地　　番　3番4
　　地　　目　宅地
　　地　　積　148.78㎡

　　所　　在　東京都目黒区××二丁目3番地4
　　家屋番号　3番4
　　種　　類　居宅
　　構　　造　木造瓦葺二階建
　　床 面 積　1階　58.28㎡
　　　　　　　2階　36.11㎡

書式11　住所が誤っていた場合の登記申請書

　　　　　　　　　登　記　申　請　書

登記の目的　　１番所有権登記名義人住所更正
原　　因　　　錯誤
更正後の事項　住所　東京都目黒区××三丁目１番２号
申　請　人　　東京都目黒区××三丁目１番２号
　　　　　　　　　鈴木　太郎　㊞
　　　　　　　連絡先の電話番号００－００００－００００
添付書類
　　登記原因証明情報

平成27年８月10日申請　東京法務局渋谷出張所

登録免許税　金２，０００円

不動産の表示
　　所　　在　東京都目黒区××二丁目
　　地　　番　３番４
　　地　　目　宅地
　　地　　積　１４８．７８㎡

　　所　　在　東京都目黒区××二丁目３番地４
　　家屋番号　３番４
　　種　　類　居宅
　　構　　造　木造瓦葺二階建
　　床面積　　１階　５８．２８㎡
　　　　　　　２階　３６．１１㎡

書式12　登記名義人住所・氏名変更登記申請書

登　記　申　請　書

登記の目的　1番所有権登記名義人住所氏名変更
原　　　因　平成28年8月1日氏名変更
　　　　　　平成28年8月10日住所移転
変更後の事項　住所　東京都品川区××二丁目3番3号
　　　　　　　氏名　山崎　真由美
申　請　人　東京都品川区××二丁目3番3号
　　　　　　　　山崎　真由美　㊞
　　　　　　連絡先の電話番号00-0000-0000

添付書面　登記原因証明情報

平成28年8月29日申請　東京法務局品川出張所

登録免許税　金1,000円

不動産の表示
　　所　在　東京都品川区××二丁目
　　地　番　3番3
　　地　目　宅地
　　地　積　98.24㎡

6 土地の利用方法が変わったときの登記申請手続き

分筆登記が必要になることもある

● どんな場合にするのか

　登記簿は、常に真実を反映しているとは限りません。結婚や引越しによって住所・氏名が変わったのに、登記記録がそのままになっている場合があるように、土地の地目の表示が実際の状況を反映していないこともあります。**地目**とは、その土地を何の目的で使用しているかを示している項目です。宅地や畑、山林などがあります。

　土地の実際の状況と登記記録上の地目が一致していないのにそのまま放置しておくと、不都合が生じることもあります。たとえば真実は宅地なのに登記記録上は農地になっていると、農地の売買には行政上の許可が必要になるため、土地を自由に処分できなくなります。自由に土地を処分できるようにするためには、地目の記録を実体にあわせて改めておく必要性があるわけです。

　地目変更登記の申請の前に、念のために登記記録の内容や公図・地積測量図を調査しておきます。まず、法務局に行って調査をする前提として、土地の所在と地番を調べておきます。所在は住所と同じ場所になります。地番については、登記識別情報や登記済証、固定資産評価証明書、固定資産税の納付書に記載されています。

　地番が判明したら、不動産を管轄する法務局に行って登記事項証明書をとります。また、同じように法務局に備え置かれている公図や地積測量図を参照してみてください。そして、土地の表示（所在地番・地目・地積など）や位置関係などを確認します。

　農地から宅地へ転用する場合など、農地法の規定によって行政上の許可が必要なときは、行政書士に相談してみるのもよいでしょう。

● 申請書を作成する（書式13）

　申請は一筆の土地ごとに行います。一筆の土地の一部についてだけ地目の変更がある場合、地目変更登記の前提として分筆登記も必要となります。このような場合、土地家屋調査士に相談してみましょう。

① 登記の目的

　「地目変更」と記載します。

② 添付書類

　「許可書」と記載します。農地を農地以外のものに変更する場合は、農地法に規定された都道府県知事等の許可書が必要です。

③ 申請人

　申請人の住所と氏名を記入して、名前の後に押印します。

● 添付書類をそろえる

　添付書類については、変更する地目の内容によって異なってくるので、事前に管轄の法務局に問い合わせてから準備するようにしましょう。農地の転用の場合には、農地転用届出書や公図の写しなど、地目の変更を証明する書類を添付します。

　申請書は、申請書を一番上にして、その下に各種の添付書類を重ねてホチキスで左側を綴じます。

　申請通りに登記が変更されていると、登記記録の表題部の地目欄が訂正されているはずです。また、登記原因と日付の記録についても確認しておいてください。

書式13　地目変更の場合の登記申請書

　　　　　　　　　登　記　申　請　書

登記の目的　　　地目変更
添付書類　　　　許可書
平成28年９月１日申請　　　東京法務局府中支局
申　請　人　　東京都多摩市○○二丁目３番４号
　　　　　　　　　小林　進　㊞
　　　　　　　連絡先の電話番号００－００００－００００

不動産番号				
所在	多摩市○○三丁目			
①地番	②地目	③地積㎡		登記原因及びその日付
１００番１	畑	１００		
	宅　地	１００	３０	②③平成28年８月10日 地目変更

（土地の表示）

所有権の持分を訂正したいときの登記申請手続き

相続登記の後で問題になることが多い

● どんな場合に問題となるのか

　不動産については単独所有つまり1人の人だけが不動産を所有する場合の他に、1つの不動産を数人で所有する「共有」ということもあり得ます。たとえば、父親が死亡してその遺産である土地を母親と2人の子供（A・B）で相続した場合、法定相続分に従えば、土地の所有権については、母親が持分2分の1、子供A・Bの持分がそれぞれ4分の1ずつの割合で共有することになります。この持分割合を遺産分割協議で変更することも可能です。

　ただし、登記記録上この持分についての記録が誤っている場合は、実体に一致させるために訂正する必要性があります。これを**持分の更正登記**（所有権更正登記）といいます。この例だと、遺産分割協議が行われて子供Aの持分が2分の1、母親と子供Bの持分がそれぞれ4分の1とすると決められたにもかかわらず、法定相続分どおりに相続登記がなされてしまったのであれば、子供Aの持分が2分の1で、母親と子供Bの持分がそれぞれ4分の1であると訂正しなければなりません。

● 登記申請前に調査をする

　持分の更正登記の申請でも、対象となる不動産が現在登記記録上どのように公示されているのか事前に調べておくことが大切です。

　まず、土地であれば所在と地番、建物であれば所在と家屋番号を調べます。これらについては、登記識別情報や登記済証、固定資産評価証明書、固定資産税の納付書などに記載があります。

次に、これらの番号を元に法務局で登記事項証明書の交付を受けます。そして、土地であれば所在・地番・地目・地積、建物であれば所在・家屋番号・種類・構造・床面積などの表示が登記済証と違っていないか確認します。特に、土地については分筆や合筆がなされているために不一致がないかを確認しておいてください。

抵当権が設定されている場合には注意が必要です。たとえば、抵当権は普通所有権全体について設定されますが、不動産が共有状態にあるときには、その共有者の1人が自分の持分だけに抵当権を設定することもできます。ですから、持分に抵当権が設定されている場合は持分の増減によって、抵当権者にも影響を与えることになるので、登記の順位によっては抵当権者や他の第三者に対して損害を与える危険性もあります。このような場合は司法書士などの専門家に申請を依頼した方がよいでしょう。

● 申請書を作成する（書式14）

登記簿を調査して特に問題がなかったら、申請書を作成します。
① 登記の目的
更正すべき登記の順位番号に従って「○番所有権更正」と記入してください。
② 原因
「錯誤」と記入します。原因日付は不要です。
③ 更正後の事項
正確な持分を記入します。共有者の氏名の下に正しい持分を記入します。
④ 権利者
登記申請における権利者とは、登記することによって利益を受ける者です。この場合は、更正登記によって持分が増える者が権利者になります。住所・氏名を記載してその後に印鑑を押印します（代理人に

よる申請の場合、この押印は不要です)。

⑤ **義務者**

登記申請における義務者とは、登記することによって不利益を受ける者です。この場合は、更正登記によって持分が減る者が義務者になります。住所・氏名を記載してその後に印鑑を押印します。なお、この印鑑は印鑑証明書の印影と同じ実印を使用します。代理人による申請の場合、この押印は不要です。

⑥ **添付書類**

登記済証、登記原因証明情報、印鑑証明書と記載します。添付書類として承諾書が必要な場合もあります。

⑦ **登録免許税**

登録免許税は不動産1個につき1000円です。

● 添付書類をそろえる

登記識別情報、登記原因証明情報、印鑑証明書を添付します。

登記識別情報については、管轄法務局がオンライン申請できる法務局になってからはじめて登記を申請する場合など、以前の登記が登記済証のときに行われていた場合には、登記済証（権利証）を添付します。

登記原因証明情報については、登記記録上の共有者の持分が最初から誤っていることを証する書面を登記原因証明情報として提供します。遺産分割協議書などが例として挙げられます。

印鑑証明書は、登記義務者の印鑑証明書を添付します。この印鑑証明書は発行してから3か月以内のものを取得して添付します。

その他、第三者の承諾書が必要な場合には、承諾書を添付します。

登記申請書の作成が完了し、必要な添付書類の用意ができたら、申請書を上にして、その下に添付書類を重ねて左側をホチキスで綴じます。

登記の完了後、登記事項証明書の交付も受けて、持分の更正が正確に行われているかを確認します。

書式14 持分を訂正する場合の登記申請書

登 記 申 請 書

登記の目的　３番所有権共有者更正
原　　　因　錯誤
更正後の事項　鈴木太郎持分　３分の２
　　　　　　　佐藤花子持分　３分の１
権　利　者　東京都目黒区××三丁目１番２号
　　　　　　　　鈴木　太郎　㊞
　　　　　　連絡先の電話番号　００－００００－００００
義　務　者　東京都杉並区××一丁目２番３号
　　　　　　　　佐藤　花子　実印
　　　　　　連絡先の電話番号　００－００００－００００
添付書類
　　登記識別情報又は登記済証　登記原因証明情報
　　印鑑証明書
登記識別情報（登記済証）を提供することができない理由
　　□不通知　□失効　□失念　□その他（　　　　　　　　）

平成28年９月１日申請　東京法務局渋谷出張所

登録免許税　金１，０００円
不動産の表示
　　　（省略）

建物が滅失したときの登記申請手続き

建物滅失証明書を提出する

● どんな場合にするのか

　登記された建物が取り壊されることを建物の滅失といいます。東日本大震災で多くの家屋が倒壊したことは記憶に新しいですが、登記された建物が火事や災害、その他の原因によって取り壊された場合、取り壊された建物の所有者または所有権の名義人は滅失の日から1か月以内に当該建物の滅失の登記を申請しなければなりません。

　建物の所有者や所有権の名義人が死亡している場合には相続人や遺言執行者も**建物滅失の登記**をすることができます。

　なお、滅失した建物に抵当権など担保権がついている場合には、滅失の登記にあたり、抵当権者の同意を得ておくのがよいでしょう。

● 申請書の書き方と添付書類（書式15）

　登記申請書とともに、建物滅失証明書を提出します。その他工事を行った会社などの印鑑証明書、代表者事項証明書を提出します。また、前述した滅失した建物に抵当権など担保権がついている場合には担保権者の同意書を添付します。

　登記の目的は「建物滅失」と記載します。「登記原因及びその日付」欄には、書式15のように「平成○○年○月○日取壊し」と記載し、建物滅失証明書に記載された建物の取壊しの日を記載します。

　建物の表示の記載については不動産番号がわかる場合には不動産番号を記載すれば、所在、家屋番号、種類、構造、床面積の記載を省略することができます。

書式15　建物が滅失した場合に申請する登記申請書

登 記 申 請 書

登記の目的　　建物滅失
添付書類　　証明書
平成28年9月1日申請　東京法務局　新宿出張所
申　請　人　　杉並区○○一丁目2番3号
　　　　　　　　佐藤　一郎　㊞
　　　　　　連絡先の電話番号00-0000-0000

<table>
<tr><td colspan="2">不動産番号</td><td colspan="5"></td></tr>
<tr><td rowspan="6">建物の表示</td><td>所　在</td><td colspan="5">東京都新宿区○○一丁目23番地4</td></tr>
<tr><td>家屋番号</td><td colspan="5">23番4</td></tr>
<tr><td>主である建物
又は附属建物</td><td>①種類</td><td>②構造</td><td>③床面積
㎡</td><td colspan="2">登記原因及
びその日付</td></tr>
<tr><td></td><td>居宅</td><td>木造瓦葺
2階建て</td><td>45 23
30 12</td><td colspan="2">平成28年
8月10日取壊し</td></tr>
<tr><td></td><td></td><td></td><td></td><td colspan="2"></td></tr>
<tr><td></td><td></td><td></td><td></td><td colspan="2"></td></tr>
</table>

9 土地の境界にかかわる登記申請手続き

一筆の土地を分割したり、数筆の土地をまとめたりもできる

● 分筆の登記、地積更正の登記とは

　不動産登記簿は土地の単位として一筆ごとに設けられています。しかし、土地が広いため２つに分けて別の用途に使用することもあります。また、登記簿に表示されている地積（面積）が実際の広さを正確に反映していないこともよくあります。そのような場合には、土地の分筆登記や地積更正登記をすることになります。

　分筆登記とは、一筆の土地を分割して新たに数筆の土地とする登記です。**地積更正登記**とは、登記簿に記録された土地の面積が実際と異なる場合に、その食い違いを訂正する登記です。

　分筆登記や地積更正登記は、いずれも表示に関する登記であり、所有権移転の登記などと異なって、添付書類の収集よりも測量に基づく図面の作成が大切になります。

　分筆にしても地積更正にしても、隣接地との境界の確定から行う必要があります。その後に、周囲を測量することになります。このとき、隣接地が私有地である場合と、道路などの公有地である場合では手続きがやや異なります。

① 隣接地が私有地の場合

　土地は原則として一筆の土地と一筆の土地の境目が境界とされていますが、実際のところは、所有権と所有権の間が境界になります。

　私有地の間には石などによって境界標が示されていることもありますが、必ず隣接地の所有者に立ち会ってもらった上で、境界を確定して図面を作成して、境界確定の合意書を取り交わしましょう。

　隣接地との境界が確定したら、分筆の場合は分筆地の間の境界も確

定します。

境界の確定作業が終わった後に、測量をします。
② 隣接地が公有地の場合

隣接地が道路などの公有地の場合は、境界の確認については役所に申請をする必要があります。

まず、道路などが国または地方公共団体のいずれに属しているかを調べます。法務局に行って調べてみると大方は判明しますが、それでも不明な場合は管理している市区町村役場で調べます。

公有地の所有関係がわかったら該当する役所に行って、境界確認の申請をします。ただ、役所によって手続きが異なるので詳細は窓口で尋ねてみてください。場合によっては、かなりの手間がかかることもあります。

◉ 合筆の登記とは

合筆とは分筆の反対で、数筆の土地を合わせて一筆の土地にすることです。分筆の場合とは異なって、測量をする必要はありません。ただ、図（次ページ）の条件などを満たしていなければなりません。なお、申請書には登記識別情報または登記済証と印鑑証明書を添付します。

◉ 分筆の登記についての登記申請書と添付書類（書式16）

分筆の登記については、表題部所有者あるいは所有権の登記名義人が申請人になります（死亡している場合には相続人が申請人となります）。土地の分筆登記の場合、登記の目的は「土地分筆登記」と記載します。添付書類として、分筆後の土地の地積測量図（土地の面積を正確に記載した書面）を添付します。添付する地積測量図が正確であることを確かめるための証明書（立会証明書）の添付も必要です。

土地の表示欄については、分筆後の地番・地積について記載します。
「登記原因及びその日付欄」については、分筆の過程がわかるよう

に書式16のように記載します。日付の記載は記載しなくてかまいません。分筆後の地番については、登記所から新しい地番を示されている場合に記載することになります。まだ示されていない場合には空白でかまいません。

　土地の分筆登記の登録免許税は、分筆後の土地1つにつき、1000円です。書式16の例では、1筆の土地を3つに分割しているので、登録免許税は3000円になります。

● 合筆の登記の登記申請書と記載事項（書式17）

　合筆の登記の申請人は、分筆の登記と同様、表題部所有者あるいは所有権の登記名義人です。土地の合筆登記の場合、登記の目的については「土地合筆登記」と記載します。

　前述したように、登記識別情報または登記済証の添付が必要ですが、合筆前のすべての所有権についての登記識別情報を添付することになります。「土地の表示」については、合筆により消滅する土地の「登記原因及びその日付欄」に「○番に合筆」と記載します（日付の記載は不要です）。また、合筆後の土地の地番・地目・地積を記載します。

　合筆の登記の登録免許税は合筆後の不動産1個につき1000円です。

■ 合筆の登記をする場合の条件

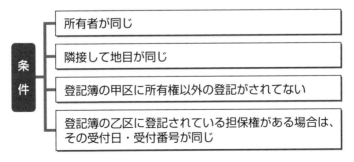

書式16　土地分筆の場合の登記申請書

登 記 申 請 書

登記の目的　　土地分筆登記
添付情報
　　　地積測量図　承諾書　立会証明書
平成28年9月1日申請　東京法務局町田出張所
申請人　東京都町田市××一丁目5番6号
　　　　　　　佐藤　一郎　㊞
　　　連絡先の電話番号００-００００-００００
登録免許税　　金2,000円

不動産番号					
土地の表示	所 在	町田市××2丁目			
	①地番	②地目	③地積㎡		登記原因及びその日付
	7番	宅地	120	00	
	Ⓐ7番1		50	00	①③7番1・7番2・7番3に分筆
	Ⓑ7番2		40	00	7番から分筆
	Ⓒ7番3		30	00	7番から分筆

書式17 土地合筆の場合の登記申請書

登 記 申 請 書

登記の目的　　土地合筆登記
添付情報
　　　登記済証又は登記識別情報　印鑑証明書

平成28年9月1日申請　東京法務局町田出張所

申請人　東京都町田市××一丁目5番6号
　　　　　　　佐藤　一郎　実印
　　　連絡先の電話番号00-0000-0000

登録免許税　1,000円

不動産番号				
土地の表示	所　在	町田市××3丁目		
	①地　番	②地　目	③地　積 ㎡	登記原因及びその日付
	3番	宅　地	100 : 50	
	4番	宅　地	150 : 30	3番に合筆
	3番	宅　地	250 : 80	4番を合筆

【監修者紹介】
安部　高樹（あべ　たかき）

司法書士（簡裁訴訟代理関係業務認定）。1957年、大分県出身。成城大学大学院文学研究科修士課程修了。コピーライター、雑誌ライターを経て、司法書士となる。現在、長崎県長崎市で開業中。不動産登記、商業登記、債務整理、訴訟などを幅広く手がける。

著作（監修、編著）に、『不動産を「売るとき」「買うとき」の法律マニュアル』『図解で早わかり　不動産登記法』『図解で早わかり　商業登記法』『会社役員の法律と役員規程・変更登記文例集』『個人民事再生のしくみ実践マニュアル』『改訂新版　少額訴訟・支払督促のしくみと手続き実践文例47』『住宅ローン返済と債務整理法実践マニュアル』『改訂新版　商業登記のしくみと手続き』『改訂新版　登記のしくみと手続き』『改訂新版　不動産登記法のしくみがわかる事典』『公正証書と支払督促のしくみとサンプル集34』『三訂版　不動産登記の法律と申請手続き実践マニュアル』『不動産登記の法律と手続きがわかる事典』『法人設立　実践マニュアル』『株式会社の議事録と登記　作成法と記載例93』『成年後見のしくみと申請手続き』（小社刊）、『不動産登記簿の見方と法律知識』『商業登記簿の見方と法律知識』（共に同文舘出版）、『株式会社の変更登記手続きと書式一切』（日本実業出版社）がある。

司法書士安部高樹事務所サイト（ホームページ）
http://www.shihoo.com

すぐに役立つ
入門図解
不動産登記の法律と申請手続きマニュアル

2017年1月10日　第1刷発行

監修者	安部高樹
発行者	前田俊秀
発行所	株式会社三修社
	〒150-0001　東京都渋谷区神宮前2-2-22
	TEL　03-3405-4511　FAX　03-3405-4522
	振替　00190-9-72758
	http://www.sanshusha.co.jp
	編集担当　北村英治
印刷所	萩原印刷株式会社
製本所	牧製本印刷株式会社

©2017 T. Abe Printed in Japan
ISBN978-4-384-04738-7 C2032

Ⓡ〈日本複製権センター委託出版物〉
本書を無断で複写複製（コピー）することは、著作権法上の例外を除き、禁じられています。本書をコピーされる場合は事前に日本複製権センター（JRRC）の許諾を受けてください。
JRRC（http://www.jrrc.or.jp　e-mail：jrrc_info@jrrc.or.jp　電話：03-3401-2382）